UNION

DES

TOURISTES FRANÇAIS

MANUEL

Prix de transport des Compagnies de chemins de fer et de navigation européenne.
Billets circulaires français, allemands et italiens.
Renseignements pratiques.

Prix : 1 fr. 50

6, RUE DE L'HÔPITAL, 6

LYON

(Pour les annonces à insérer dans le Manuel et dans les Bulletins s'adresser à l'Agence Fournier, 14. rue Confort.)

UNION DES TOURISTES FRANÇAIS

MANUEL

Prix de transport des Compagnies de chemins de fer et de navigation européenne.
Billets circulaires français, allemands et italiens.
Renseignements pratiques.

Prix : 1 fr. 50

6, Rue de l'Hôpital, 6

LYON

(Pour les annonces à insérer dans le Manuel et dans les Bulletins, s'adresser à l'Agence Fournier, 14, rue Confort.)

COMITÉ DE PATRONAGE

AYNARD Edouard, banquier.
BAYET, professeur à la Faculté des Lettres.
BLOCH, professeur à la Faculté des Lettres.
COINT-BAVAROT, négociant.
CRESCENT, professeur d'histoire au Lycée.
DEBIZE (lieutenant-colonel), O ✻, secrétaire général de la Société de géographie de Lyon.
DEVILLE, ✻, avoué, ancien maire du 1er arrondissement.
ENOU, professeur à la Faculté de Droit.
FLOTARD, ✻, président de la Société d'économie politique.
GILLET Joseph, industriel.
GUIMET Emile, ✻, industriel.
HURBIN-LEFEBVRE, professeur à l'Ecole de commerce.
LORTET, ✻, doyen de la Faculté de médecine.
MANGINI Félix, ✻, ingénieur.
RAULIN, professeur à la Faculté des Sciences.
VERNAY (abbé), supérieur de l'Institut des Minimes.

BUREAU

GANEVAL, professeur à l'Ecole de commerce, *président*.
BARDOT, licencié ès-lettres, étudiant, *vice-président*.
PONCET, étudiant en droit, *vice-président*.
SAURIN Jules, licencié ès-lettres, étudiant, *secrétaire général*.
CREMIEUX A., étudiant à la Faculté des Lettres, *secrétaire-adjoint*.
GERSON N., étudiant en médecine, *secrétaire-adjoint*.
DE MARCILLY, étudiant, Faculté des Lettres, *secrétaire-adjoint*.
POUZET Ph., licencié ès-lettres, étudiant, *trésorier*.
LEVITTE, étudiant à la Faculté des Lettres, *trésorier-adjoint*.
BOUTON Ch., étudiant en droit, *bibliothécaire*.
GAUDIER H., étudiant en médecine, *bibliothécaire*.

INTRODUCTION

Le manuel que nous offrons cette année aux membres de la Société laisse encore beaucoup à désirer ; c'est que nous avons voulu le publier à tout prix avant les vacances. On sera indulgent pour ce petit livre, si l'on songe qu'il a été fait dans quelques jours et par des étudiants préoccupés de leurs examens. Aussi nous a-t-il été impossible de donner tous les renseignements que nous aurions désirés. Nous espérons que chaque année notre petit livre se perfectionnera et qu'il deviendra, dans deux ou trois ans, une source de précieux renseignements.

Fondée dans les premiers jours de 1885, notre Société est encore dans sa période d'organisation. Elle a pourtant déjà obtenu d'importantes faveurs. La plupart des éditeurs de Paris lui accorderont des réductions de 25 °/₀ pour l'achat de sa bibliothèque de Guides et de livres de voyage. Déjà nous avons obtenu des chemins de fer de l'État une réduction de 50 °/₀ pour les membres de la Société voyageant par groupe de cinq. La Compagnie Fraissinet, qui dessert tous les grands ports de la Méditerranée, a aussi accordé à ces groupes de jeunes voyageurs une réduction de 40 °/₀ sur les billets d'aller et retour et de 30 °/₀ sur les billets ordinaires. Nous sollicitons les mêmes faveurs des Compagnies de chemins de fer et de navigation françaises et étrangères. On le comprend sans peine, ce n'est pas après un mois d'existence que nous pouvons obtenir tous ces priviléges.

Nous avons aussi l'intention de passer des conventions avec un certain nombre d'hôtels dans les principales villes de l'Europe et des autres parties du monde. Ces hôtels recevront les membres de la Société (même individuellement), pour 5 fr. par jour (deux repas et chambre). Nos hôtels seront parfois de modeste apparence, mais ils seront irréprochables au point de vue de la propreté et du confortable. Nous choisirons de préférence les hôtels fréquentés ordinairement par des étudiants ou des employés de commerce. Dès cette année nous nous sommes entendus avec deux hôtels de Lyon qui ont accepté nos conditions. (Voir Rens. pratiques.) Nous autorisons tous les sociétaires à proposer les mêmes conditions aux hôtels qu'ils connaîtraient, soit en France, soit à l'étranger. Lorsque nous ne connaîtrons pas les hôtels désignés dans notre manuel, nous inscrirons à côté le mot « Réservé » ; nous n'effacerons ce mot que lorsque de bons renseignements nous seront parvenus de la part de plusieurs sociétaires. Tout hôtel qui provoquera dans la même année plusieurs plaintes sérieuses, sera immédiatement rayé de notre liste. On accordera ces réductions sur la présentation de la carte délivrée aux membres de la Société.

Voici les conditions que nous proposons aux hôtels qui veulent recevoir à titre officiel les membres de la Société (deux repas et chambre pour 5 fr.) : menu du repas : potage ou hors-d'œuvre, trois plats, dont deux de viande, deux ou trois desserts. Pour tout repas pris hors de l'hôtel, on retranchera 1 fr. 75. Nous acceptons aussi, au même titre que les hôtels, les maisons meublées qui s'engageraient à donner des chambres aux sociétaires pour 1 fr. 50 par jour.

Dès l'année prochaine, nous établirons à Lyon un cabinet de lecture spécialement destiné aux journaux étrangers. Les membres de la Société jouiront gratuitement du cabinet de lecture ; on y recevra aussi les personnes étrangères à l'Association, moyennant une légère rétribution. Nos moyens nous permettront bientôt cette nouvelle installation, car l'insertion d'annonces, dans notre manuel et dans nos bulletins nous déchargera de la plus grande partie de nos frais d'impression.

Les membres étrangers à la ville de Lyon ne participeront qu'aux frais généraux d'impression et d'administration. La quote-part des membres formés en section hors de Lyon est fixée pour l'année 1885 à 1 f. 50. L'année prochaine, il est probable qu'elle n'atteindra pas un franc, car nous n'aurons plus à supporter de grands frais de propagande, et le revenu des annonces diminuera d'une façon notable les frais d'impression du manuel et des bulletins. Ces sections seront absolument indépendantes de notre Société; elles s'organiseront et s'administreront selon leur bon plaisir. Leurs membres participeront à tous les priviléges de la Société.

Nous devons remercier publiquement MM. Crémieux, Baumann et Fafournoux, qui ont collaboré à la rédaction de ce manuel. Les personnes qui n'auraient pas encore payé leur cotisation, sont priées d'adresser au plus tôt un mandat poste au Trésorier.

Voyage à Athènes (1885).

CONDITIONS : Partir de Marseille le jeudi 27 août, à 8 heures du matin. Retourner, à l'époque qui sera fixée, à Athènes. Après 15 jours passés en Grèce, on sera de retour en France du 25 au 30 septembre au plus tard. Nous prions les sociétaires de nous donner leur nom avant le 15 août ; il leur sera délivré à Marseille, au moment du départ, leur billet d'aller et retour de Marseille au Pirée. (En 1re, 312 fr. ; en 2e, 204 fr. 50 ; sur le pont, 84 fr.) La nourriture est comprise dans les prix des 1res et des 2mes. Les passagers du pont traitent de gré à gré avec le restaurateur du bord. La durée de la navigation de Marseille au Pirée est de 6 jours. Les jeunes gens peuvent très bien passer quelques nuits à la belle étoile ; d'ailleurs, ils peuvent s'entendre entre eux pour avoir à deux ou trois un billet de seconde qui leur donne droit à une couchette.

A Athènes on trouvera très probablement des hôtels qui recevront les membres de la Société pour 5 à 6 fr. par jour ; nous avons déjà écrit à plusieurs hôtels d'Athènes qui accepteront probablement nos conditions. Nous avons consulté plusieurs personnes qui ont vécu en Grèce, et surtout des Grecs. Tous nous ont dit que le mois de septembre était une époque très favorable pour un voyage dans ce pays.

On ne paiera le billet d'aller et retour qu'au moment du départ à Marseille. En Grèce, tous les membres du voyage sont libres d'employer leur temps comme ils l'entendent. Encore une fois, on n'exige d'eux qu'une seule condition : partir de Marseille le 27 août et y retourner, avec la caravane, à la date qui sera fixée ; ce retour aura lieu après un séjour de 15 jours en Grèce.

UNION DES TOURISTES FRANÇAIS

STATUTS

ADOPTÉS A L'ASSEMBLÉE GÉNÉRALE DU 30 JUIN 1885

I. — Objet et organisation de la Société.

ARTICLE PREMIER. — L'Union des Touristes français a pour but d'encourager les Français, et particulièrement les jeunes gens, à faire des voyages en France et à l'étranger.

ART. 2. — Pour atteindre ce but :

I. Elle publiera chaque année un petit manuel renfermant : 1° les prix de transport des Compagnies de navigation et de chemins de fer du monde entier ; 2° les billets circulaires européens ; 3° des indications pratiques sur les moyens de voyager économiquement ;

II. — Elle tiendra à la disposition de ses membres une bibliothèque de livres de voyages et de géographie, et une collection de Guides ;

III. — Elle demandera aux Compagnies de chemins de fer et de navigation une réduction sur leurs tarifs ordinaires, pour tous ses membres voyageant ensemble par groupe de cinq au moins ;

IV. — Elle publiera un bulletin deux fois par an.

ART. 3. — Le manuel et les bulletins seront distribués gratuitement à tous les membres de l'Union.

ART. 4. — Est membre de l'Union toute personne qui adhère aux statuts. — Le Bureau pourra choisir des membres d'honneur.

Art. 5. — Le siége de l'Union des Touristes français est à Lyon.

Art. 6. — La Société est administrée par un Comité de patronage et par un Bureau.

II. — Fonds social.

Art. 7. — Le minimum de la cotisation annuelle et personnelle est de 2 francs.

Tout sociétaire peut s'exonérer définitivement de sa cotisation en versant en une seule fois la somme de quarante francs: il deviendra sociétaire perpétuel.

Tout sociétaire qui versera une somme de cinquante francs, au moins, aura le titre de membre donateur.

Art. 8. — La Société accepte les dons en argent et en livres.

III. — Assemblées générales. Comité de patronage. Bureau.

Art. 9. — Chaque année, au mois de décembre, tous les membres de l'Union se réuniront en Assemblée générale. Ils élisent à cette époque les nouveaux membres du Comité de patronage et constituent le bureau de la Société. C'est cette Assemblée qui entend et arrête les comptes annuels des recettes et des dépenses, et qui entend le rapport du Bureau sur la situation générale de la Société.

Elle discute les modifications proposées aux statuts et émanant de l'initiative des sociétaires; tout projet de modification devra être communiqué au Bureau huit jours au moins avant l'Assemblée générale.

Art. 10. — Le Bureau se compose de onze membres: 1 Président; 2 Vice-Présidents; 1 Secrétaire général; 3 Secrétaires adjoints; 1 Trésorier-Adjoint; 2 Bibliothécaires-Archivistes. Tous sont élus annuellement et rééligibles.

Art. 11. — Le Bureau, par l'organe de son Président et de son Secrétaire général, s'occupe de toutes les affaires intérieures et extérieures de la Société. Il gère, sous la surveillance du Comité de patronage, et sauf ratification de l'Assemblée générale, les intérêts financiers de la Société. Il convoque les Assemblées générales ordinaires et extraordinaires.

Il décide, de concert avec le Comité de patronage, s'il y a lieu de convoquer une Assemblée générale quand vingt membres de la Société lui en auront adressé la demande.

Art. 12. — Le Secrétaire général, assisté des Secrétaires-Adjoint, est chargé de la rédaction du manuel et des bulletins. Il fait, au nom du Bureau, le rapport annuel à l'Assemblée générale sur la situation de la Société.

Le Trésorier rend compte à l'Assemblée générale de l'état financier de la Société.

Art. 13. — Le nombre des membres du Comité de patronage est illimité. Ils sont inamovibles. Chaque année le Bureau peut proposer une liste de nouveaux membres du Comité de patronage. Le Comité choisit lui-même son Président.

Art. 14. — Lorsque le Bureau aura à prendre une décision non prévue par les statuts, il devra, au préalable, consulter le Comité de patronage, qui se réunira sur la convocation du Président du Bureau.

Art. 15. — Lorsque le Comité de patronage relèvera des irrégularités dans la gestion du Bureau, il pourra, de sa propre initiative, convoquer une Assemblée générale.

IV. — Comités régionaux.

Art. 16. — Lorsque trente membres se trouveront réunis dans une ville autre que Lyon, ils nommeront un Comité régional, et n'enverront au Bureau siégeant à Lyon, que la quote-part destinée à couvrir les frais généraux de la Société.

Ils pourront disposer comme ils l'entendront du reste de leurs revenus, avec cette réserve que l'emploi répondra au but de la Société.

Chaque année le Bureau fixera la quote-part des sociétaires étrangers à la ville de Lyon et constitués en Comités régionaux.

V. — Les publications de la Société. Les voyages.

Art. 17. — Les bulletins de la Société paraîtront aux mois de janvier et de juin.

Art. 18. — Ils contiendront :

1° Le procès-verbal de la dernière Assemblée générale, et un compte-rendu sur la situation de la Société.

2° La liste du Comité de patronage et du Bureau pour l'année courante.

3° La liste des sociétaires ayant adhéré depuis la publication du dernier bulletin.

4° Les relations que les sociétaires voudront bien communiquer sur leurs voyages.

Art. 19. — Le bulletin du mois de juin publiera en outre la liste des voyages projetés. Les sociétaires qui voudront prendre part à ces voyages adresseront leurs demandes au Bureau. Le Bureau s'occupera de procurer à chaque groupe de cinq voyageurs ou plus, voyageant ensemble, un permis de circulation délivré par les Compagnies qui auront accordé des réductions.

Dans le courant de l'année, le Bureau communiquera aux sociétaires les projets de voyages dont on lui aura fait part.

Art. 20. — Tout sociétaire ou groupe de sociétaires ayant fait un voyage sera prié d'adresser un rapport sommaire sur ce voyage au Bureau. Ces rapports pourront traiter toutes les questions intéressant la Société.

Sur la décision du Bureau, ces rapports pourront être publiés dans le bulletin, ou faire l'objet d'une conférence publique en Assemblée générale.

Bibliothèque.

Art. 21. — Chaque membre pourra emprunter un livre quelconque de la Bibliothèque. La durée du prêt ne pourra pas excéder quinze jours.

Art. 22. — Chaque voyageur ou groupe de voyageurs pourra emporter un Guide. Il déposera un cautionnement équivalent au quart de la valeur de l'ouvrage.

Dispositions générales.

Art. 23. — Aucune modification ne pourra être faite aux présents statuts, si la décision n'en est pas prise en Assemblée générale. Cette décision ne sera valable que si la majorité est égale au cinquième des membres adhérents.

Si cette majorité n'est pas atteinte, le Bureau convoquera une seconde Assemblée générale, et la décision pourra être prise à la majorité des membres présents.

MONNAIES

Allemagne. — Mark = 1 fr. 25 ; 100 pfennigs = 1 mark.

Angleterre. — Shilling = 1 fr. 25 ; penny = 10 centimes ; la livre sterling ou pound = 20 shillings.

Autriche. — Florin = 2 fr. 50 (valeur nominale) mais valeur réelle 2 fr. 10 ; le florin = 100 kreutzers.

Hollande. — Florin = 2 fr. 10 ; le florin = 100 cents.

Espagne. — Le douro = 5 fr. 30 ; le douro = 20 réaux ; on compte aussi par pesetas.

Portugal. — Le milreis = 5 fr. 83.

Danemark, Suède et Norwége. — Le krone = 1 fr. 43 ; le krone = 100 seres.

Russie. — Rouble d'argent = 4 fr. 10 ; le rouble = 100 kopecks.

France, Italie, Espagne, Suisse, Grèce, Belgique font partie de l'Union monétaire.

DISTANCES

Le mille anglais	=	1 kil. 609 m.
Le mille marin	=	1 — 850 »
Le degré de latitude	=	111 — 3 »

PREMIÈRE PARTIE

CHEMINS DE FER

FRANCE

Lyon

Aix-les-Bains. — 124 k. — **2e cl.**: 11 f. 50 — **3e cl.**: 8 f. 45.
Arles. — 265 kil. — **2e cl.**: 24 fr. 45 — **3e cl.**: 17 fr. 90.
Avignon. — 230 kil. — **2e cl.**: 21 f. 25 — **3e cl.**: 15 f. 55.
Belfort. — 333 kil. — **2e cl.**: 30 fr. 70 — **3e cl.**: 22 fr. 60.
Besançon. — 237 kil. — **2e cl.**: 21 fr. 85 — **3e cl.**: 16 fr. 05.
Cette. — 356 kil. — **2e cl.**: 32 fr. 95 — **3e cl.**: 24 fr. 10.
Chambéry. — 138 kil. — **2e cl.**: 12 fr. 70 — **3e cl.**: 9 fr. 35.
Dijon. — 197 kil. — **2e cl.**: 18 fr. 25 — **3e cl.**: 13 fr. 40.
Dole. — 233 kil. — **2e cl.**: 22 fr. 55 — **3e cl.**: 16 fr. 55.
Fontainebleau. — 452 k. — **2e cl.**: 41 f. 90 — **3e cl.**: 30 f. 70.
Genève. — 168 kil. — **2e cl.**: 15 fr. 50 — **3e cl.**: 11 fr. 35.
Grenoble. — 131 kil. — **2e cl.**: 11 fr. 15 — **3e cl.**: 8 fr. 15.
Mâcon. — 71 kil. — **2e cl.**: 6 fr. 55 — **3e cl.**: 4 fr. 85.
Marseille. — 351 kil. — **2e cl.**: 32 fr. 45 — **3e cl.**: 23 fr. 75.
Tarascon. — 252 kil. — **2e cl.**: 23 fr. 30 — **3e cl.**: 17 fr. 05.
Toulouse. — 575 kil. — **2e cl.**: 53 fr. 20 — **3e cl.**: 38 fr. 90.
Turin. — 344 kil. — **2e cl.**: 32 fr. 40 — **3e cl.**: 23 fr. 25.
Valence. — 106 kil. — **2e cl.**: 9 fr. 75 — **3e cl.**: 7 fr. 15.
Vichy. — 166 kil. — **2e cl.**: 15 fr. 35 — **3e cl.**: 11 fr. 35.

Marseille

Agen. — 522 kil. — **2e cl.**: 48 fr. 45 — **3e cl.**: 36 fr. 45.
Aix-les-Bains. — 476 k. — **2e cl.**: 43 f. 95 — **3e cl.**: 32 fr. 15
Antibes. — 204 kil. — **2e cl.**: 18 fr. 90 — **3e cl.**: 13 fr. 90

Arles. — 85 kil. — **2e cl.**: 8 fr. — **3e cl.**: 5 fr. 85.
Avignon. — 121 kil. **2e cl.**: 11 fr. 20 — **3e cl.**: 8 fr. 20.
Bordighera. — 264 k. — **2e cl.**: 24 f. 30 — **3e cl.**: 17 f. 85
Cannes. — 193 — **2e cl.**: 17 fr. 90 — **3e cl.**: 13 fr. 10.
Carcassonne. — 310 k. — **2e cl.**: 28 f. 80 — **3e cl.**: 21 f. 10
Cette. — 182 kil. — **2e cl.**: 16 fr. 95 — **3e cl.**: 12 fr. 45.
Clermont-Ferrand. — 433 kil. — **2e cl.**: 39 fr. 95 — **3e cl.**: 29 fr. 15.
Gênes. — 411 kil. — **2e cl.**: 35 fr. 95 — **3e cl.**: 26 fr. 15.
Golfe-Juan. — 199 k. — **2e cl.**: 18 f. 45 — **3e cl.**: 13 f. 50.
Grenoble (*viâ* Aix, Pertuis). — 313 kil. — **2e cl.**: 27 fr. 55 — **3e cl.**: 20 fr. 15.
Grenoble (*viâ* Arles-Avignon). — 343 kil. — **2e cl.**: 31 fr. 80 — **3e cl.**: 23 fr. 30.
Salins d'Hyères. — 96 k. — **2e cl.**: 8 f. 85 — **3e cl.**: 6 f. 50.
Lunel (*viâ* Arles, Tarascon). — 153 kil. — **2e cl.**: 14 fr. 15 — **3e cl.**: 10 fr. 35.
Lunel (*viâ* Arles, Le Cailar). — 129 kil. — **2e cl.**: 12 fr. 15 — **3e cl.** : 8 fr. 85.
Menton. — 249 kil. — **2e cl.** : 22 fr. 95 — **3e cl.** : 16 fr. 85.
Monaco. — 240 kil. — **2e cl.** : 22 fr. 15 — **3e cl.** : 16 fr. 25
Monte-Carlo. — 241 k. — **2e cl.** : 22 f. 25 — **3e cl.** : 16 f. 30
Narbonne (Arles, Lunel). — 252 kil. — **2e cl.** : 23 fr. 45 — **3e cl.** : 17 fr. 15.
Narbonne (*viâ* Arles, Tarascon). — 274 kil. — **2e cl.** : 25 f. 35 — **3e cl.** : 14 fr. 50.
Nice. — 224 kil. — **2e cl.** : 20 fr. 75 — **3e cl.** : 15 fr. 20.
Nîmes. — 126 kil. — **2e cl.** : 11 fr. 60 — **3e cl.** : 8 fr. 50.
Perpignan. — 316 k. — **2e cl.** : 29 f. 35 — **3e cl.** : 21 f. 45.
San-Remo. — 275 k. — **2e cl.** : 25 f. 20 — **3e cl.** : 18 f. 50.
Savone. — 367 kil. — **2e cl.** : 32 fr. 45 — **3e cl.** : 23 fr. 70
Tarascon. — 99 kil. — **2e cl.** : 9 fr. 15 — **3e cl.** : 6 fr. 70.
Toulon. — 67 kil. — **2e cl.** : 6 fr. 20 — **3e cl.** : 4 fr. 55.
Toulouse (*viâ* Arles, Lunel). — 401 kil. — **2e cl.** : 37 fr. 20 — **3e cl.** : 27 fr. 25.
Toulouse (*viâ* Arles, Tarascon). — 423 kil. — **2e cl.** : 39 fr. 10 — **3e cl.** : 28 fr. 60.
Vichy. — 506 kil. — **2e cl.** : 46 fr. 60 — **3e cl.** : 34 fr. 50.
Agen. — 651 kil. — **2e cl.** : 60 fr. 15 — **3e cl.** : 44 fr. 10.

Paris

Aix-la-Chapelle. — 422 kil. — **2e cl.** : 35 fr. 85 — **3e cl.** : 23 fr. 80.

Aix-les-Bains. — 582 kil. — **2e cl.** : 53 fr. 70 — **3e cl.** : 39 fr. 40.
Amiens. — 131 kil. — **2e cl.** : 12 fr. 10 — **3e cl.** : 8 fr. 85.
Angers (*vià* Brétigny, Etampes). — 339 kil. — **2e cl.** : 31 fr. 35 — **3e cl.** : 22 fr. 95.
Angers (*vià* St-Cyr, Chartres). — 308 kil. — **2e cl.** : 28 fr. 80 — **3e cl.** : 20 fr. 80.
Angoulême. — 445 k. — **2e cl.** : 41 f. 10 — **3e cl.** : 30 f. 10.
Avignon. — 741 kil. — **2e cl.** : 68 fr. 55 — **3e cl.** : 50 f. 25.
Avranches. — 331 kil. — **2e cl.** : 30 f. 55 — **3e cl.** : 22 f. 40
Auxerre. — 175 kil. — **2e cl.** : 16 f. 15 — **3e cl.** : 11 f. 80.
Baden-Baden. — 563 kil. — **2e cl.** : 51 fr. 95 — **3e cl.** : 41.
Barcelone. — 1174 kil. — **2e cl.** : 106 fr. 45 — **3e cl.** : 76 fr. 15.
Bâle (*vià* Nogent, Troyes et Mulhouse). — 525 kil. — **2e cl.** : 46 fr. 80 — **3e cl.** : 33 fr. 95.
Bâle (*vià* Nogent, Delle). — 545 kil. — **2e cl.** : 46 fr. 80 — **3e cl.** : 33 fr. 95.
Bayeux. — 269 kil. — **2e cl.** : 24 fr. 85 — **3e cl.** : 18 fr. 20
Beauvais. — 88 kil. — **2e cl.** : 8 fr. 10 — **3e cl.** : 5 fr. 90.
Belfort. — 443 kil. — **2e cl.** : 40 fr. 90 — **3e cl.** : 30 fr.
Berlin (Dusseldorf, Magdebourg). — 1079 kil. — **2e cl.** : 92 fr. 25.
Berlin (Cologne, Stendal). — 1070 kil. — **2e cl.** : 92 fr. 25.
Berne. — 573 kil. — **2e cl.** : 50 fr. 85 — **3e cl.** : 37 fr. 25.
Besançon (Gray). - 410 kil. — **2e cl.** : 37 fr. 85 — **3e cl.** : 27 fr. 75.
Besançon (Vesoul). — 425 kil. — **2e cl.** : 41 fr. 15 — **3e cl.** : 30 fr. 10.
Besançon (Dôle). — 407 kil. — **2e cl.** : 37 fr. 55 — **3e cl.** : 27 fr. 50.
Biarritz. — 793 kil. — **2e cl.** : 73 fr. 20 — **3e cl.** : 53 fr. 70.
Blois. — 178 kil. — **2e cl.** : 16 fr. 40 — **3e cl.** : 12 fr.
Bordeaux. — 585 k. — **2e cl.** : 54 f. 05 — **3e cl.** : 39 f. 65.
Boulogne. — 254 k. — **2e cl.** : 23 f. 45 — **3e cl.** : 17 f. 20.
Brest. — 623 kil. — **2e cl.** : 57 fr. 55 — **3e cl.** : 42 fr. 20.
Caen. — 239 kil. — **2e cl.** : 22 fr. 10. — **3e cl.** : 16 fr. 15.
Calais. — 297 kil. — **2e cl.** : 27 fr. 40. — **3e cl.** : 20 fr. 16.
Cambrai. — 206 kil. — **2e cl.** : 19 fr. — **3e cl.** : 13 fr. 95.
Cannes. — 1055 kil. — **2e cl.** : 97 fr. 85. — **3e cl.** : 71 fr. 55.
Cette (St-Germain-des-Fossés). — 801 kil. — **2e cl.** : 74 fr. — **3e cl.** : 54 fr. 25.
Cette (Dijon, Lyon, Tarascon). — 868 kil. — **2e cl.** : 79 fr. — **3e cl.** : 57.
Chambéry. — 596 kil. — **2e cl.** : 55 fr. — **3e cl.** : 40 fr. 35.

Charleroi. — 270 kil. — **2e cl.** : 24 fr. 55. — **3e cl.** : 17 fr. 50.
Chartres. — 88 kil. — **2e cl.** : 8 fr. 10. — **3e cl.** : 5 fr. 90.
Cherbourg. — 371 kil. — **2e cl.** : 34 fr. 25. — **3e cl.** : 25 fr. 10.
Clermont-Ferrand. — 420 kil. — **2e cl.** : 38 fr. 70. — **3e cl.** : 28 fr. 40.
Coblence. — 608 kil. — **2e cl.** : 50 fr. 85.
Compiègne. — 84 kil. — **2e cl.** : 7 fr. 75. — **3e cl.** : 5 fr. 65.
Coutances. — 344 kil. — **2e cl.** : 31 fr. 75. — **3e cl.** : 23 fr. 30.
Dieppe. — 201 kil. — **2e cl.** : 15 fr. 50. — **3e cl.** : 11 fr. 35.
Dijon. — 315 kil. — **2e cl.** : 29 fr. 05. — **3e cl.** : 21 fr. 30.
Dunkerque. — 305 kil. — **2e cl.** : 28 fr. 15. **3e cl.** : 20 fr. 65.
Ems. — 626 kil. — **2e cl.** : 53 fr. 20.
Epernay. — 142 kil. — **2e cl.** : 13 fr. 10. — **3e cl.** : 9 fr. 60.
Genève. — 625 kil. — **5e cl.** : 57 fr. 75. — **3e cl.** : 42 fr. 35.
Le Havre. — 228 kil. — **2e cl.** : 21 fr. 05. — **3e cl.** : 15 fr. 45.
Lausanne. — 528 kil. — **2e cl.** : 47 fr. 80. — **3e cl.** : 35 fr.
Liége. — 366 kil. — **2e cl.** : 31 fr. 65. — **3e cl.** : 21 fr. 25.
Lille. — 250 kil. — **2e cl.** : 23 fr. 10. — **3e cl.** : 16 fr. 90.
Lyon. — 511 kil. — **2e cl.** : 47 fr. 30. — **3e cl.** : 34 fr. 70.
Madrid. — 1452 kil. — **2e cl.** : 138 fr. 10. — **3e cl.** : 93 fr. 05.
Marseille. — 862 kil. — **2e cl.** : 79 fr. 95. — **3e cl.** : 58 fr. 45.
Mayence. — 648 kil. — **2e cl.** : 58 fr. 70.
Metz. — 395 kil. — **2e cl.** : 35 fr. 85. — **3e cl.** : 26 fr. 20.
Menton. — 1111 kil. — **2e cl.** : 102 fr. 90. — **3e cl.** : 75 fr. 30.
Mézières. — 260 kil. — **2e cl.** : 22 fr. 90. — **3e cl.** : 16 fr. 80.
Mons. — 249 kil. — **2e cl.** : 22 fr. 75. — **3e cl.** : 16 fr. 55.
Mont-Dore. — 502 kil. — **2e cl.** : 46 fr. 60. — **3e cl.** : 36 fr. 35.
Munich. — 924 kil. — **2e cl.** : 89 fr. 60.
Namur. — 366 kil. — **2e cl.** : 26 fr. 95. — **3e cl.** : 18 fr. 75.
Nancy. — 353 kil. — **2e cl.** : 32 fr. 60. — **3e cl.** : 23 fr. 90.
Nantes (Paris-Orléans). — 661 kil. — **2e cl.** : 61 fr. — **3e cl.** : 44 fr. 70.
Nantes (Paris-Montparnasse). — 396 kil. — **2e cl.** : 36 fr. 50. — **3e cl.** : 26 fr. 70.
Neufchâtel. — 509 kil. — **2e cl.** : 46 fr. 55. — **3e cl.** : 34 fr. 25.
Nice. — 1086 kil. — **2e cl.** : 100 fr. 70. — **3e cl.** : 73 fr. 65.
Nîmes. — 725 kil. — **2e cl.** : 66 f. 95. — **3e cl.** : 49 fr. 05.
Orléans. — 121 kil. — **2e cl.** : 11 fr. 15 — **3e cl.** : 8 fr. 15.
Pau. — 818 kil. — **2e cl.** : 75 fr. 55. — **3e cl.** : 55 fr. 40.
Poitiers. — 332 kil. — **2e cl.** : 30 fr. 65. — **3e cl.** : 22 fr. 45.
Reims (Paris-Strasbourg). — 172 kil. — **2e cl.** : 14 fr. 75. — **3e cl.** : 10 fr. 80.
Reims (Paris-Nord). — 160 kil. — **2e cl.** : 14 fr. 75. — **3e cl.** : 10 fr. 80.
Rennes. — 374 kil. — **2e cl.** : 34 fr. 50. — **3e cl.** : 25 fr. 35.

Rouen. — 136 kil. — **2e cl.** : 12 fr. 50. — **3e cl.** : 9 fr. 20.
Saarbourg. — 431 kil. — **2e cl.** : 39 fr. 50. — **3e cl.** : 28 fr. 80.
Les Sables-d'Olonne. — 485 kil. — **2e cl.** : 44 fr. — **3e cl.** : 30 fr. 30.
Sedan (Paris-Strasbourg). — 275 kil. — **2e cl.** : 24 fr. 30. — **3e cl.** : 17 fr. 80.
Sedan (Paris-Nord). — 303 kil. — **2e cl.** : 24 fr. 30. — **3e cl.** : 17 fr. 80.
Spa. — 398 kil. — **2e cl.** : 33 fr. 65. — **3e cl.** : 23 fr. 50.
Saint-Germain. — 21 kil. — **2e cl.** : 1 fr. 35.
Saint-Lo. — 314 kil. — **2e cl.** : 29 fr. — **3e cl.** : 21 fr. 25.
Saint-Malo. — 455 kil. — **2e cl.** : 42 fr. — **3e cl.** : 30 fr. 85.
Saint-Nazaire. — 460 kil. — **2e cl.** : 30 fr. 90. — **3e cl.** : 29 fr. 45.
Saint-Omer (Arras-Hazebrouck). — 285 k. — **2e cl.** : 26 f. 30. **3e cl.** : 19 fr. 30.
Saint-Omer (Boulogne). — 298 kil. — **2e cl.** : 27 fr. — **3e cl.** : 19 fr. 85.
Strasbourg. — 501 k. — **2e cl.** : 45 fr. 55. — **3e cl.** : 31 fr. 85.
Stuttgart. — 683 kil. — **2e cl.** : 61 fr. 25.
Tarascon. — 742 k. — **2e cl.** : 70 f. 60. — **3e cl.** : 51 f. 75.
Tarbes. — 804 kil. — **2e cl.** : 73 fr. 80. — **3e cl.** : 54 fr. 10.
Toulouse. — 741 kil. — **2e cl.** : 67 fr. 10. — **3e cl.** : 48 fr. 40.
Tours (Orléans-Blois). — 234 kil. — **2e cl.** : 21 fr. 60. — **3e cl.** : 15 fr. 80.
Tours (Voyes-Vendôme). — 534 kil. — **2e cl.** : 21 fr. 60. — **3e cl.** : 15 fr. 80.
Le Tréport. — 183 k. — **2e cl.** : 16 fr. 90. — **3e cl.** : 12 fr. 35.
Trouville. — 220 kil. — **2e cl.** : 20 fr. 35. — **3e cl.** : 14 fr. 90.
Valenciennes (Douai). — 250 kil. — **2e cl.** : 23 fr. 10. — **3e cl.** : 16 fr. 90.
Valenciennes (Aulnaye). — 250 kil. — **2e cl.** : 23 fr. 10. — **3e cl.** : 16 fr. 90.
Versailles (St-Lazare). — 23 kil. — **2e cl.** : 1 fr. 35.
Versailles (Montparnasse). — 18. — **2e cl.** : 1 fr. 35.
Vichy. — 365 kil. — **2e cl.** : 33 fr. 65. — **3e cl.** : 24 fr. 65.
Vienne (Autriche). — 1352 kil. — **2e cl.** : 126 fr. 10.

Rouen.

Amiens. — 117 kil. — **2e cl.** : 10 fr. 80. — **3e cl.** : 7 fr. 90.
Le Havre. — 92 kil. — **2e cl.** : 8 fr. 25. — **3e cl.** : 6 fr. 05.

Tarascon.

Montpellier. — 77 kil. — **2e cl.** : 7 fr. 05. — **3e cl.** : 5 fr. 20.
Nîmes. — 27 kil. — **2e cl.** : 2 fr. 45. — **3e cl.** : 1 fr. 80.

Toulouse.

Bagnères-de-Bigorre. — 179 kil. — **2e cl.** : 16 fr. 55. — **3e cl.** : 12 fr. 10.
Bayonne. — 322 kil. — **2e cl.** : 29 fr. 75. — **3e cl.** : 21 fr. 80.
Carcassonne. — 91 kil. — **2e cl.** : 8 fr. 40. — **3e cl.** : 4 fr. 15.
Cette. — 219 kil. — **2e cl.** : 20 fr. 25. — **3e cl.** : 14 fr. 80.
Foix. — 80 kil. — **2e cl.** : 7 fr. 35. — **3e cl.** : 5 fr. 40.
Limoges. — 351 k. — **2e cl.** : 30 f. 15. — **3e cl.** : 21 f. 30.
Bagnères-de-Luchon. — 140 kil. — **2e** cl. : 12 fr. 90. — **3e cl.** : 9 fr. 40.
Lourdes. — 177 kil. — **2e cl.** : 16 fr. 30. — **3e cl.** : 11 fr. 95.
Narbonne. — 70 kil. — **2e cl.** : 37 fr. 50. — **3e cl.** : 27 fr. 50.
Pau. — 216 kil. — **2e cl.** : 19 fr. 95. — **3e cl.** : 14 fr. 60.
Perpignan. — 134 kil. — **2e cl.** : 43 fr. 40. — **3e cl.** : 31 fr. 80.
Pierrefitte. — 198 kil. — **2e cl.** : 18 fr. 20. — **3e cl.** : 13 fr. 35.
Port-Vendres. — 163 k. — **2e cl.** : 46 f. 05. — **3e cl.** : 33 f. 85.
Tarbes. — 157 kil. — **2e cl.** : 14 fr. 50. — **3e cl.** : 10 fr. 60.

Bordeaux.

Agen. — 136 kil. — **2e cl.** : 12 fr. 50. — **3e cl.** : 9 fr. 20.
Arcachon. — 56 kil. — **2e cl.** : 3 fr. 55. — **3e cl.** : 2 fr. 45.
Bayonne. — 198 kil. — **2e cl.** : 18 fr. 30. — **3e cl.** : 13 fr. 40.
Biarritz. — 208 kil. — **2e** cl. : 19 fr. 15. — **3e cl.** : 14 fr. 05.
Bagnères-de-Bigorre. — 268 kil. — **2e cl.** : 24 fr. 75. — **3e cl.** : 18 fr. 15.
Blois. — 407 kil. — **2e cl.** : 37 fr. 65. — **3e cl.** : 27 fr. 65.
Cette. — 476 kil. — **2e cl.** : 44 fr. — **3e cl.** : 32 fr. 20.
Irun. — 236 kil. — **2e** cl. : 21 fr. 75. — **3e cl.** : 16 fr.
Lourdes. — 266 kil. — **2e cl.** : 24 fr. 50. — **3e cl.** : 18 fr.
Bagnères-de-Luchon. — 334 kil. — **2e cl** : 30 fr. 80. — **3e cl.** : 22 fr. 55.
Marseille. — 658 kil. — **2e cl.** : 60 fr. 95. — **3e cl.** : 44 fr. 65.
Nantes. — 417 kil. — **2e cl.** : 34 fr. — **3e cl.** : 25 fr.
Nîmes. — 554 kil. — **2e cl.** : 51 fr. 20. — **3e cl.** : 37 fr. 55.
Orléans. — 464 kil. — **2e cl.** : 42 fr. 90. — **3e cl.** : 31 fr. 50.

Pau. — 233 kil. — **2e cl.** : 21 fr. 50. — **3e cl.** : 15 fr. 75.
Poitiers. — 253 kil. — **2e cl.** : 23 fr. 40. — **3e cl.** : 17 fr. 20.
Tarbes. — 246 kil. — **2e cl.** : 22 fr. 70 — **3e cl.** : 16 fr. 65.
Toulouse. — 257 kil. — **2e cl.** : 23 fr. 75. — **3e cl.** : 17 fr. 40.
Tours. — 351 kil. — **2e cl.** : 32 fr. 45. — **3e cl.** : 23 fr. 85.

Tours.

Le Mans. — 99 kil. — **2e cl.** : 8 fr. 25. — **3e cl.** : 6 fr. 05.

ALLEMAGNE, AUTRICHE et RUSSIE

N.-B. — Les prix des places sont exprimés en marks. On n'accorde pas de franchise de bagage sur les chemins de fer allemands ou italiens.

Aix-la-Chapelle.

Berlin. — 662 kil. — **2e cl.** : 45 m. 60. — **3e cl.** : 32 m. 80.
Brunswick. — 458 kil. — **2e cl.** : 29 m. 40. — **3e cl.** : 20 m. 60.
Cassel. — 342 kil. — **2e cl.** : 21 m. 30. — **3e cl.** : 14 m. 30.
Dusseldorf. — 85 kil. — **2e cl.** : 5 m. 60. — **3e cl.** : 3 m. 80.
Elberfeld. — 112 kil. — **2e cl.** : 8 m. 30. — **3e cl.** : 5 m. 80.
Hambourg. — 493 kil. — **2e cl.** : 34 m. 30. — **3e cl.** : 24 m.
Hanovre. — 373 kil. — **2e cl.** : 25 m. 70. — **3e cl.** : 18 m.
Leipsig. — 636 kil. — **2e cl.** : 42 m. 20. — **3e cl.** : 29 m. 80.
Liége (Herbesthal). — 49 kil. — **2e cl.** : 3 m. 50. — **3e cl.** : 2 m. 40.
Liége (Bleyberg). — 58 kil. — **2e cl.** : 3 m. 50. — **3e cl.** : 2 m. 40.
Magdebourg. — 516 kil. — **2e cl.** : 35 m. — **3e cl.** : 25 m.

Berlin.

Amsterdam (Arnheim). — 648 kil. — **2e cl.** : 39 m. 50. — **3e cl.** : 26 m. 30.
Amsterdam (Amersfoort). 633 kil. — **2e cl.** : 39 m. 50. — **3e cl.** : 26 m. 30.

Brême. — 340 kil. — **2e cl.** : 22 m. 70. — **3e cl.** : 17 m.
Breslau. — 329 kil. — **2e cl.** : 22 m. — **3e cl.** : 15 m. 50.
Brunswick. — 229 kil. — **2e cl.** : 15 m. 30. — **3e cl.** : 9 m. 20.
Cassel (Magdebourg). — 381 kil. — **2e cl.** : 23 m. 60. — **3e cl.** : 15 m. 80.
Cassel (Halle-Weimar). — 429 kil. — **2e cl.** : 23 m. 60. — **3e cl.** : 15 m. 80.
Cassel (Wittenberg). — 379 kil. — **2e cl.** : 24 m. 60. — **3e cl.** : 17 m. 30.
Cassel (Gutergluck). — 367 kil. — **2e cl.** : 22 m. 10. — **3e cl** : 14 m. 80.
Dantzick. — 458 kil. — **2e cl.** : 30 m. 50. — **3e cl.** : 21 m. 30.
Dresde (Juterbog). — 188 kil. — **2e cl.** : 11 m. 70. — **3e cl.** : 8 m. 20.
Dusseldorf. — 545 kil. — **2e cl.** : 36 m. 60. — **3e cl.** : 26 m. 40.
Eisenach. — 327 kil. — **2e cl.** : 22 m. 90. — **3e cl.** : 16 m. 60.
Eisleben. — 200 kil. — **2e cl.** : 14 m. — **3e cl.** : 9 m. 80.
Elberfeld (Stendal). — 506 kil. — **2e cl.** : 34 m. 20. — **3e cl.** : 24 m. 70.
Elberfeld (Magdebourg). — 534 kil. — **2e cl.** : 34 m. 20. — **3e cl.** : 24 m. 70.
Erfuhrt. — 271 kil. — **2e cl.** : 19 m. 10. — **3e cl.** : 13 m. 90.
Essen. — 509 kil. — **2e cl.** : 34 m. 40. — **3e cl.** : 24 m. 90.
Francfort-sur-l'Oder. — 81 kil. — **2e cl.** : 5 m. 50. — **3e cl.** : 3 m. 90.
Gorlitz. — 208 kil. — **2e cl.** : 12 m. 50. — **3e cl.** : 8 m. 30.
Gottingen. — 323 kil. — **2e cl.** : 19 m. 60. — **3e cl.** : 12 m. 90.
La Haye. — 673 kil. — **2e cl.** : 42 m. 50. — **3e cl.** : 27 m. 50.
Halle. — 162 kil. — **2e cl.** : 11 m. 80. — **3e cl.** : 8 m. 80.
Hambourg. — 286 kil. — **2e cl.** : 20 m. 10. — **3e cl.** : 14 m. 60.
Hanovre. — 255 kil. — **2e cl.** : 17 m. 20. — **3e cl.** : 12 m. 80.
Harbourg. — 269 kil. — **2e cl.** : 17 m. 10. — **3e cl.** : 11 m. 80.
Kiel. — 368 kil. — **2e cl.** : 22 m. 20. — **3e cl.** : 16 m.
Kissingen. — 362 kil. — **2e cl.** : 28 m. 70. — **3e cl.** : 20 m. 60.
Leipsig. — 163 kil. — **2e cl.** : 11 m. 80. — **3e cl.** : 8 m. 80.
Lübeck. — 287 kil. — **2e cl.** : 19 m. 70. — **3e cl.** : 14 m. 30.
Magdebourg. — 142 kil. — **2e cl.** : 10 m. — **3e cl.** : 7 m. 50.
Minden. — 319 kil. — **2e cl.** : 21 m. 50. — **3e cl.** : 15 m. 80

Posen. — 173 kil. — **2e cl.** : 16 m. 50. — **3e cl.** : 10 m. 20.
Riga. — 1,227 kil. — **2e cl.** : 41 m. 90. — **3e cl.** : 29 m. 90.
Rotterdam. — 665 kil. — **2e cl.** : 41 m. 70. — **3e cl.** : 27 m. 10.
St-Pétersbourg. — 1,636 kil. — **2e cl.** : 49 m. 80. — **3e cl.** : 34 m. 90.
Stettin. — 135 kil. — **2e cl.** : 10 m. — **3e cl.** : 6 m.
Stralsund. — 224 kil. — **2e cl.** : 13 m. 50. — **3e cl.** : 9 m.
Swinemunde. — 202 kil. — **2e cl.** : 13 m. 20. — **3e cl.** : 8 m. 80.
Vienne. — 688 kil. — **2e cl.** : 49 m. 20.
Weimar. — 243 kil. — **2e cl.** : 17 m. 70. — **3e cl.** : 13 m.
Wittenberg. — 95 kil. — **2e cl.** : 7 m. — **3e cl.** : 5 m. 20.

Breslau.

Posen. — 165 kil. — **2e cl.** : 9 m. 90. — **3e cl.** : 6 m. 60.

Osnabruck.

Oldenbourg. — 112 kil. — **2e cl.** : 5 m. 10. — **3e cl.** : 3 m. 40.

Brême.

Hambourg. — 114 kil. — **2e cl.** : 8 m. 50. — **3e cl.** : 5 m. 90.
Hanovre. — 112 kil. — **2e cl.** : 7 m. 60. — **3e cl.** : 5 m. 30.
Osnabruck. — 121 kil. — **2e cl.** : 8 m. 20. — **3e cl.** : 5 m. 70.

Stettin.

Breslau. — 351 kil. — **2e cl.** : 21 m. 10. — **3e cl.** : 14 m. 10.
Dantsick. — 369 kil. — **2e cl.** : 24 m. 50. — **3e cl.** : 16 m. 40.
Lubeck. — 296 kil. — **2e cl.** : 19 m. — **3e cl.** : 13 m. 80.
Posen. — 207 kil. — **2e cl** : 12 m. 70. — **3e cl.** : 8 m. 60.
Stralsund. — 150 kil. — **2e cl.** : 7 m. 50. — **3e cl.** : 5 m. 20.

Hambourg.

Altona. — 7 kil. — **2e cl.** : 35 pf. — **3e cl.** : 25 pf.
Copenhague. — **2e cl.** : 26 m. 10. — **3e cl.** : 13 m. 30.
Fredericshafen. — **2e cl.** : 35 m. 25. — **3e cl.** : 22 m. 95.
Gothenbourg. — **2e cl.** : 41 m. 10. — **3e cl.** : 25 m. 20.
Kiel. — 106 kil. — **2e cl.** : 8 m. — **3e cl.** : 5 m. 60.
Lubeck. — 63 kil. — **2e cl.** : 4 m. 20. — **3e cl.** : 3 m. 40.

Saint-Pétersbourg.

Moscou. — 646 kil. — **2e cl.** : 18 r. 75. — **3e cl.** : 8 r. 60.
Riga. — 7 48 kil. — **2e cl.** : 19 r. 72. — **3e cl.** : 10 r. 07.

Cologne.

Aix-la-Chapelle. — 70 kil. — **2e cl.** : 4 m. 50. — **3e cl.** : 3 m.
Amsterdam. — 243 kil. — **2e cl.** : 17 m. 40. — **3e cl.** : 11 m. 20.
Anvers. — 216 kil. — **2e cl.** : 16 m. 20. — **3e cl.** : 8 m. 20.
Arnheim. — 151 kil. — **2e cl.** : 10 m. 15. — **3e cl.** : 6 m. 80.
Bâle. — 443 kil. — **2e cl.** : 35 m. 40.
Berlin. — 584 kil. — **2e cl.** : 40 m. 20. — **3e cl.** : 29 m.
Bonn. — 33 kil. — **2e cl.** : 1 m. 75. — **3e cl.** : 1 m. 30.
Brême. — 333 kil. — **2e cl.** : 20 m. — **3e cl.** : 13 m. 50.
Brunswick. — 388 kil. — **2e cl.** : 26 m. 40. — **3e cl.** : 18 m. 70.
Calais. — 439 kil. — **2e cl.**: 24 m. 45. — **3e cl.** : 16 m. 80.
Cassel. — 273 kil. — **2e cl.** : 15 m. 90. — **3e cl.** : 10 m. 60.
Charleroi. — 223 kil. — **2e cl.** : 13 m. 80. — **3e cl.** : 9 m. 35.
Clèves. — 120 kil. — **2e cl.** : 7 m. 20. — **3e cl.** : 4 m. 80.
Coblentz. — 91 kil. — **2e cl.** : 5 m. 25. — **3e cl.** : 3 m. 70.
Creuznach. — 168 kil. — **2e cl.** : 10 m. — **3e cl.** : 6 m. 70.
Darmstadt. — 217 k. — **2e cl.** : 12 m. 80. — **3e cl.** : 8 m. 30.
Dusseldorf. — 38 kil. — **2e cl.** : 2 m. 80. — **3e cl.** : 1 m. 90.
Eisenach. — 396 kil. — **2e cl.** : 23 m. 70. — **3e cl.** : 15 m. 70.
Elberfeld. — 43 kil. — **2e cl.** : 2 m. 70. — **3e cl.** : 1 m. 80.
Ems. — 110 kil. — **2e cl.** : 7 m. 15. — **3e cl.** : 5 m.
Essen. — 74 kil. — **2e cl.** : 5 m. — **3e cl.** : 3 m. 40.
Flushing. — 327 kil. — **2e cl.** : 20 m. — **3e cl.** : 12 m. 70.
Francfort-sur-le-Main. — 220 kil. — **2e cl.** : 13 m. 20. — **3e cl.** : 8 m. 40.
Giessen. — 166 kil. — **2e cl.** : 10 m. — **3e cl.** : 6 m. 70.
Gottingen. — 331 kil. — **2e cl.** : 19 m. 40. — **3e cl.** : 13 m.
La Haye. — 268 kil. — **2e cl.** : 19 m. 30. — **3e cl.** : 13 m. 30.
Halle. — 593 kil. — **2e cl.** : 38 m. 30. — **3e cl.** : 26 m.
Hambourg. — 447 kil. — **2e cl.** : 27 m. 30. — **3e cl.** : 18 m. 30.
Hanovre. — 329 k. — **2e cl.** : 22 m. 50. — **3e cl.** : 15 m. 80.
Heidelberg. — 278 k. — **2e cl.** : 16 m. — **3e cl.** : 10 m. 40.
Heilbron. — 180 kil. — **2e cl.** : 24 m. 25.
Leipsig. — 601 k. — **2e cl** : 40 m. 60. — **3e cl.** : 27 m. 20

Liége. — 125 kil. — **2e cl.** : 7 m. 25. — **3e cl.** : 4 m. 70.
Louvain. — 195 k. — **2e cl.** : 13 m. 75. — **3e cl.** : 6 m. 75.
Maëstricht. — 106 k. — **2e cl.** : 7 m. 10. — **3e cl.** : 4 m. 70.
Magdebourg. — 475 kil. — **2e cl.** : 26 m. 60. — **3e cl.** : 17 m. 80.
Metz. — 284 kil. — **2e cl.** : 17 m. 10. — **3e cl.** : 11 m. 20.
Minden. — 263 kil. — **2e cl.** : 15 m. — **3e cl.** : 11 m. 30.
Munich. — 625 kil. — **2e cl.** : 46 m. 80.
Namur. — 186 kil. — **2e cl.** : 12 m. 40. — **3e cl.** : 8 m. 40.
Neuwied. — 61 kil. — **2e cl.** : 4 m. 65. — **3e cl.** : 3 m. 25.
Osnabruck. — 212 k. — **2e cl.** : 12 m. 40. — **3e cl.** : 8 m. 20.
Paris. — 494 kil. — **2e cl.** : 35 m. 60. — **3e cl.** : 23 m. 35.
Rotterdam. — 260 k. — **2e cl.** : 17 m. 50. — **3e cl.** : 11 m. 40.
Spa. — 112 kil. — **2e cl.** : 6 m. 80. — **3e cl.** : 4 m. 45.
Strasbourg. — 395 k. — **2e cl.** : 21 m. 80. — **3e cl.** : 14 m. 35.
Stuttgart. — 399 kil. — **2e cl.** : 28 m. 40.
Trèves. — 182 kil. — **2e cl.** : 14 m. — **3e cl.** : 7 m. 30.
Utrecht. — 208 kil. — **2e cl.** : 15 m. 30. — **3e cl.** : 10 m.
Vienne. — 955 kil. — **2e cl.** : 54 m. 90. — **3e cl.** : 35 m. 60.
Wiesbaden. — 186 k. — **2e cl.** : 10 m. 80. — **3e cl.** : 7 m. 30.

Coblentz.

Ems. — 17 kil. — **2e cl.** : 1 m. — **3e cl.** : 70 pf.
Luxembourg. — 168 k. — **2e cl.** : 9 m. 70. — **3e cl.** : 6 m. 30.
Metz. — 216 kil. — **2e cl.** : 12 m. 80. — **3e cl.** : 8 m. 40.
Trèves. — 112 kil. — **2e cl.** : 6 m. 70. — **3e cl.** : 4 m. 40.
Wiesbaden. — 90 kil. — **2e cl.** : 6 m. 80.

Dresde.

Bamberg. — 355 kil. — **2e cl.** : 20 m. 40. — **3e cl.** : 13 m. 45.
Breslau. — 270 kil. — **2e cl.** : 18 m. 10. — **3e cl.** : 12 m. 80.
Carlsbad. — 210 kil. — **2e cl.** : 16 m. 30.
Eger. — 250 kil. — **2e cl.** : 15 m. 10. — **3e cl.** : 10 m. 10.
Francfort-sur-le-Mein. — 502 kil. — **2e cl.** : 30 m. 20. — **3e cl.** : 20 m. 30.
Francfort-sur-l'Oder. — 178 kil. — **2e cl.** : 6 m. 90. — **3e cl.** : 4 m. 60.
Franzensbad. — 244 kil. — **2e cl.** : 14 m. 80. — **3e cl.** : 9 m. 90.
Gorlitz. — 106 kil. — **2e cl.** : 6 m. 20. — **3e cl.** : 4 m. 20.
Kissingen. — 435 k. — **2e cl.** : 24 m. 65. — **3e cl.** : 16 m. 45.

Magdebourg. — 215 k. — **2e cl.** : 16 m. 80. — **3e cl.** : 11 m. 50.
Nuremberg. — 415 k. — **2e cl.** : 23 m. 70. — **3e cl.** : 15 m. 55.
Pilsen. — 264 kil. — **2e cl.** : 6 fl. 84. — **3e cl.** : 4 fl. 23.
Posen. — 326 kil. — **2e cl.** : 19 m. 60. — **3e cl.** : 13 m.
Prague. — 192 kil. — **2e cl.** : 13 m. 20. — **3e cl.** : 8 m. 80.
Wittemberg. — 129 k. — **2e cl.** : 8 m. 30. — **3e cl.** : 5 m. 60.

Carlsbad.

Franzensbad. — 51 kil. — **2e cl.** : 1 fl. 02. — **3e cl.** : 79 kr.
Marienbad. — 83 kil. — **2e cl.** : 2 fl. 08. — **3e cl.** : 1 fl. 41.

Innsbruck.

Lienz. — 182 kil. — **2e cl.** : 6 fl. 48. — **3e cl.** : 4 fl. 32.
Toblach. — 137 kil. — **2e cl.** : 4 fl. 86. — **3e cl.** : 3 fl. 24.
Villach. — 293 kil. — **2e cl.** : 10 fl. 26. — **3e cl.** : 6 fl. 84.

Francfort-sur-le-Mein.

Augsbourg. — 356 kil. — **2e cl.** : 19 m. — **3e cl.** : 12 m. 20.
Baden-Baden. — 179 k. — **2e cl.** : 11 m. 05. — **3e cl.** : 7 m. 70.
Berlin. — 537 kil. — **2e cl.** : 36 m. 30. — **3e cl.** : 25 m. 40.
Bonn. — 192 kil. — **2e cl.** : 11 m. 40. — **3e cl.** : 7 m. 20.
Brunswick. — 377 kil. — **2e cl.** : 24 m. 70. — **3e cl.** : 17 m. 60.
Carlsbad. — 429 kil. — **2e cl.** : 26 m. 55. — **3e cl.** : 17 m. 50.
Cassel. — 223 kil. — **2e cl.** : 13 m. 40. — **3e cl.** : 9 m.
Coblentz. — 129 kil. — **2e cl.** : 7 m. 50. — **3e cl.** : 5 m. 85.
Darmstadt. — 27 kil. — **2e cl.** : 1 m. 55. — **3e cl.** : 1 m. 10.
Deutz. — 220 kil. — **2e cl.** : 13 m. 20. — **3e cl.** : 8 m. 20.
Dusseldorf. — 248 k. — **2e cl.** : 15 m. 50. — **3e cl.** 9 m. 70.
Eisenach. — 208 kil. — **2e cl.** : 14 m. 10. — **3e cl.** : 9 m. 90.
Elberfeld. — 255 kil. — **2e cl.** : 16 m. — **3e cl.** : 10 m. 10.
Eltville. — 49 kil. — **2e cl.** : 2 m. 60. — **3e cl.** : 1 m. 70.
Ems. — 136 kil. — **2e cl.** : 7 m. 20. — **3e cl.** : 4 m. 60.
Erfuhrt. — 265 kil. — **2e cl.** : 16 m. 30. — **3e cl.** : 10 m. 90.
Gottingen. — 245 kil. — **2e cl.** : 16 m. 50. — **3e cl.** : 11 m. 60.
Halle. — 375 kil. — **2e cl.** : 25 m. 10. — **3e cl.** : 15 m. 20.
Hambourg. — 531 kil. — **2e cl.** : 36 m. 20. — **3e cl.** : 25 m. 30.
Hanovre. — 350 kil. — **2e cl.** : 23 m. 60. — **3e cl.** : 16 m. 50.
Heidelberg. — 88 kil. — **2e cl.** : 4 m. 90. — **3e cl.** : 3 m. 50.
Heilbron. — 177 kil. — **2e cl.** : 11 m.

Hombourg. — 18 kil. — **2e cl.** : 1 m. — **3e cl.** : 60 pf.
Kissingen. — 168 k. — **2e cl.** : 10 m. 80. — **3e cl.** : 6 m. 95.
Leipsig. — 383 kil. — **2e cl.** : 23 m. 20. — **3e cl.** : 15 m. 60.
Linz. — 558 kil. — **2e cl.** : 30 m. 95. — **3e cl.** : 20 m. 15.
Magdebourg. — 450 k. — **2e cl.** : 23 m. 75. — **3e cl.** : 15 m. 90.
Mannheim. — 87 kil. — **2e cl.** : 4 m. 15. — **3e cl.** : 2 m. 70.
Marienbad. — 408 kil. — **2e cl.** : 23 m. 75. — **3e cl.** : 15 m. 30.
Mayence. — 36 kil. — **2e cl.** : 1 m. 95. — **3e cl.** : 1 m. 30.
Munich. — 407 kil. — **2e cl.** : 21 m. 65. — **3e cl.** : 13 m. 90.
Neuwied. — 145 kil. — **2e cl.** : 8 m. 60. — **3e cl.** : 5 m. 10.
Nuremberg. — 234 kil. — **2e cl.** : 15 m. 05. — **2e cl.** : 8 m.
Ratisbonne. — 334 kil. — **2e cl.** : 21 m. 45. — **3e cl.** : 11 m. 40.
Strasbourg. — 233 kil. — **2e cl.** : 12 m. 25. — **3e cl.** : 7 m. 95.
Stuttgart. — 199 kil. — **2e cl.** : 15 m. 40.
Ulm. — 352 kil. — **2e cl.** : 18 m. 90. — **3e cl.** : 12 m. 10.
Vienne. — 747 kil. — **2e cl.** : 42 m. 15. — **3e cl.** : 27 m. 45.
Wiesbaden. — 42 kil. — **2e cl.** : 2 m. 30. — **3e cl.** : 1 m. 50.
Worms. — 80 kil. — **2e cl.** : 4 m. 05. — **3e cl.** : 2 m. 60.
Wurzbourg. — 131 kil. — **2e** cl. : 7 m. 05. — **3e cl.** : 4 m. 55.

Heidelberg.

Augsbourg. — 291 k. — **2e cl.** : 15 m. 50. — **3e cl.** : 9 m. 95.
Baden-Baden. — 91 k. — **2e cl.** : 5 m. 15. — **3e cl.** : 3 m. 20.
Bâle. — 252 kil. — **2e cl.** : 16 m. 20. — **3e cl.** : 11 m. 40.
Carlsruhe. — 55 kil. — **2e cl.** : 2 m. 95. — **3e cl.** : 1 m. 90.
Constance. — 308 kil. — **2e cl.** : 16 m. 30. — **3e cl.** : 10 m. 50.
Creuznach. — 108 kil. — **2e cl.** : 7 m. 20. — **3e cl.** : 5 m. 05.
Darmstadt. — 61 kil. — **2e cl.** : 3 m. 40. — **3e cl.** : 2 m. 45.
Donaueschingen. — 227 kil. — **2e cl.** : 12 m. 05. — **3e cl.** : 7. m. 75.
Fribourg. — 190 kil. — **2e cl.** : 10 m. 10. — **3e cl.** : 6 m. 50.
Gernsbach. — 93 kil. — **2e cl.** : 5 m. 35. — **3e cl.** : 3 m. 45.
Hansach. — 161 kil. — **2e cl.** : 8 m. 60. — **3e cl.** : 5 m. 55.
Heilbronn. — 68 kil. — **2e cl.** : 4 m. 35. — **3e cl.** : 2 m. 80.
Kissingen. — 226 kil. — **2e cl.** : 12 m. — **3e cl.** : 7 m. 70.
Mannheim. — 19 kil. — **2e cl.** : 1 m. 05. — **3e cl.** : 65. pf.
Metz. — 235 kil. — **2e cl.** : 13 m. 15. — **3e cl.** : 8 m. 60.
Mulheim. — 219 kil. — **2e cl.** : 14 m. 05. — **3e cl.** : 9 m. 85.
Munich. — 353 kil. — **2e cl.** : 18 m. 75. — **3e cl.** : 12 m. 05.
Neuhausen. — 209 kil. — **2e cl.** : 15 m. 95. — **3e cl.** : 10 m. 25.
Nuremberg. — 247 k. — **2e cl.** : 13 m. 95. — **3e cl.** : 8 m. 95.
Offenbourg. — 127 kil. — **2e cl.** : 6 m. 75. — **3e cl.** : 4 m. 35.
Saarbruck. — 156 kil. — **2e cl.** : 8 m. 75. — **3e cl.** : 5 m. 70.

Schaffhouse. — 296 kil. — **2e cl.** : 15 m. 75. — **3e cl.** : 10 m. 10.
Speyer. — 27 kil. — **2e cl.** : 1 m. 65. — **3e cl.** : 1 m. 10.
Strasbourg. — 145 kil. — **2e cl.** : 10 m. — **3e cl.** : 7 m. 10.
Stuttgart. — 112 kil. — **2e cl.** 5 m. 95. — **3e cl.** : 3 m. 85.
Triberg. — 184 kil. — **2e cl.** : 9 m. 80. — **3e cl.** : 6 m. 30.
Ulm. — 206 kil. — **2e cl.** : 10 m. 95. — **3e cl.** : 6 m. 05.
Wildbad. — 99 kil. — **2e cl.** : 5 m. 30. — **3e cl.** : 3 m. 40.
Worms. — 45 kil. — **2e cl.** : 2 m. 05. — **3e cl.** : 1 m. 65.
Wurzbourg. — 160 kil. — **2e cl.** : 8 m. 50. — **3e cl.** : 5 m. 45.

Magdebourg.

Hanovre. — 152 kil. — **2e cl.** : 10 m. 10. — **3e cl.** : 7 m. 30.

Leipsig.

Aix-la-Chapelle. — 636 kil. — **2e cl.** : 42 m. 20. — **3e cl.** : 29 m. 80.
Amsterdam. — 705 kil. — **2e cl.** : 42 m. 80. — **3e cl.** : 26 m. 90.
Bamberg. — 304 kil. — **2e cl.** : 17 m. — **3e cl.** : 11 m. 25.
Bayreuth. — 251 kil. — **2e cl.** : 14 m. 20. — **3e cl.** : 9 m. 45.
Brunswick. — 206 kil. — **2e cl.** : 11 m. 90. — **3e cl.** : 8 m.
Carlsbad. — 244 kil. — **2e cl.** : 15 m. 70. — **3e cl.** : 10 m. 50.
Cassel. — 276 kil. — **2e cl.** : 18 m. 50. — **3e cl.** : 13 m. 20.
Cologne. — 600 kil. — **2e cl.** : 37 m. 90. — **3e cl.** : 26 m. 50.
Deutz. — 574 kil. — **2e cl.** : 33 m. 20. — **3e cl.** : 22 m. 20.
Dresde. — 119 kil. — **2e cl.** : 7 m. 20. — **3e cl.** : 4 m. 80.
Dusseldorf. — 560 k. — **2e cl.** : 35 m. 70. — **3e cl.** : 25 m. 30.
Eger. — 200 kil. — **2e cl.** : 11 m. 80. — **3e cl.** : 9 m. 90.
Eisenach. — 173 kil. — **2e cl.** : 11 m. 60. — **3e cl.** : 8 m. 10.
Eisleben. — 71 kil. — **2e cl.** : 4 m. 30. — **3e cl.** : 3 m.
Elberfeld. — 525 kil. — **2e cl.** : 33 m. 70. — **3e cl.** : 19 m. 30.
Erfuhrt. — 116 kil. — **2e cl.** : 7 m. — **3e cl.** : 4 m. 70.
Francfort-sur-l'Oder. — 222 kil. — **2e cl.** : 13 m. 40. — **3e cl.** : 8 m. 95.
Franzensbad. — 193 kil. — **2e cl.** : 11 m. 30. — **3e cl.** : 7 m. 60.
Gotha. — 144 kil. — **2e cl.** : 9 m. 60. — **3e cl.** : 6 m. 70.
Gottingue. — 223 kil. — **2e cl.** : 13 m. 50. — **3e cl.** : 9 m. 10.
La Haye. — 751 kil. — **2e cl.** : 47 m. 10. — **3e cl.** : 27 m. 80.
Halle. — 33 kil. — **2e cl.** : 2 m. 30. — **3e cl.** : 1 m. 50.
Hambourg. — 370 kil. — **2e cl.** : 25 m. 80. — **3e cl.** : 19 m. 10.

Hanovre. — 265 kil. — **2e cl.** : 18 m. 10. — **3e cl.** : 13 m. 30.
Kissingen. — 308 kil. — **2e cl.** : 20 m. 40. — **3e cl.** : 14 m. 80.
Lubeck. — 433 kil. — **2e cl.** : 30 m. — **3e cl.** : 22 m. 50.
Magdebourg. — 119 kil. — **2e cl.** : 8 m. — **3e cl.** : 5 m. 60.
Marienbad. — 231 kil. — **2e cl.** : 13 m. 90. — **3e cl.** : 9 m. 30.
Nuremberg. — 366 kil. — **2e cl.** : 20 m. 30. — **3e cl.** : 13 m. 35.
Pilsen. — 307 kil. — **2e cl.** ; 3 fl. 86. — **3e cl.** : 2 fl. 55.
Posen. — 359 kil. — **2e cl.** : 21 m. 60. — **3e cl.** : 14 m. 40.
Prague. — 215 kil. — **2e cl.** : 22 m. 20. — **3e cl.** : 15 m. 50.
Rotterdam. — 743 kil. — **2e cl.** : 46 m. 50. — **3e cl.** : 27 m. 50.
Vienne. — 639 kil. — **2e cl.** : 41 m. 40. — **3e cl.** : 27 m. 80.
Weimar. — 95 kil. — **2e cl.** : 6 m. 30. — **3e cl.** : 4 m. 50.
Wittenberg. — 68 kil. — **2e cl.** : 5 m. 10. — **3e cl.** : 3 m. 80.

Mayence.

Baden-Baden. — 184 kil. — **2e cl.** : 10 m. 25. — **3e cl.** : 6 m. 50.
Bâle. — 345 kil. — **2e cl.** : 21 m. 40. — **3e cl.** : 15 m. 10.
Bingen. — 31 kil. — **2e cl.** : 1 m. 65. — **3e cl.** : 1 m. 10.
Bonn. — 151 kil. — **2e cl.** : 9 m. 10. — **3e cl.** : 5 m. 90.
Carlsbad. — 463 kil. — **2e cl.** : 28 m. 40. — **3e cl.** : 18 m. 70.
Coblentz. — 93 kil. — **2e cl.** : 5 m. 60. — **3e cl.** : 3 m. 60.
Cologne. — 184 kil. — **2e cl.** : 10 m. 90. — **3e cl.** : 7 m. 10.
Constance. — 431 kil. — **2e cl.** : 21 m. 40. — **3e cl.** : 13 m. 75.
Creuznach. — 46 kil. — **2e cl.** : 2 m. 60. — **3e cl.** : 1 m. 70.
Darmstadt. — 32 kil. — **2e cl.** : 1 m. 90. — **3e cl.** : 1 m. 20.
Elwille. — 16 kil. — **2e cl.** : 1 m. — **3e cl.** : 65 pf.
Ems. — 103 kil. — **2e cl.** : 5 m. 60. — **3e cl.** : 3 m. 55.
Heidelberg. — 93 kil. — **2e cl.** : 5 m. 10. — **3e cl.** : 3 m. 30.
Kissingen. — 203 kil. — **2e cl.** : 15 m. 70. — **3e cl.** : 8 m. 20.
Limbourg. — 75 kil. — **2e cl.** : 4 m. 90. — **3e cl.** : 3 m. 15.
Linz. — 592 kil. — **2e cl.** : 32 m. 80. — **3e cl.** : 21 m. 20.
Mannheim. — 80 kil. — **2e cl.** : 4 m. 70. — **3e cl.** : 3 m. 30.
Marienbad. — 422 kil. — **2e cl.** : 25 m. 65. — **3e cl.** : 16 m. 50.
Metz. — 253 kil. — **2e cl.** : 14 m. 70. — **3e cl.** : 9 m. 70.
Munich. — 441 kil. — **2e cl.** : 23 m. 55. — **3e cl.** : 15 m. 15.
Nuremberg. — 268 kil. — **2e cl.** : 14 m. 40. — **3e cl.** : 9 m. 25.
Passau. — 486 kil. — **2e cl.** : 26 m. — **3e cl.** : 16 m. 70.
Ratisbonne. — 368 kil. — **2e cl.** : 19 m. 80. — **3e cl.** : 12 m. 65.
Remagen. — 131 kil. — **2e cl.** : 7 m. 95. — **3e cl.** : 5 m. 55.

Rudesheim. — 32 kil. — **2e cl.** : 1 m. 80. — **3e cl.** : 1 m. 15.
Speyer. — 90 kil. — **2e cl.** : 4 m. 75. — **3e cl.** : 3 m. 05.
Strasbourg. — 210 kil. — **2e cl.** : 11 m. 30. — **3e cl.** : 7 m. 30.
Vienne. — 771 kil. — **2e cl.** : 44 m. — **3e cl.** : 28 m. 50.
Wiesbaden. — 9 kil. — **2e cl.** : 60 pf. — **3e cl.** : 45 pf.
Worms. — 44 kil. — **2e cl.** : 2 m. 40. — **3e cl.** : 1 m. 55.
Wurzbourg. — 165 kil. — **2e cl.** : 8 m. 95. — **3e cl.** : 5 m. 80.

Munich.

Augsbourg. — 62 kil. — **2e cl.** : 3 m. 30. — **3e cl.** : 2 m. 15.
Baden-Baden. — **2e cl.** : 19 m. 85. — **3e cl.** : 12 m. 70.
Bamberg. — 261 kil. — **2e cl.** : 13 m. 85. — **3e cl.** : 8 m. 90.
Bayreuth. — 353 kil. — **2e cl.** : 18 m. 90. — **3e cl.** : 12 m. 15.
Botzen. — 304 kil. — **2e cl.** : 21 m. 55. — **3e cl.** : 11 m. 30.
Bregenz. — 230 kil. — **2e cl.** : 12 m. 45. — **3e cl.** : 8 m.
Carlsbad. — 335 k. — **2e cl.** : 16 m. 75. — **3e cl.** : 10 m. 90.
Dresde. — 483 kil. — **2e cl.** : 30 m. 10. — **3e cl.** : 19 m. 75.
Eger. — 283 kil. — **2e cl.** : 15 m. — **3e cl.** : 9 m. 65.
Innsbruck. — 175 kil. — **2e cl.** : 12 m. 20. — **3e cl.** : 6 m. 35.
Kempten. — 131 kil. — **2e cl.** : 6 m. 95. — **3e cl.** : 4 m. 50.
Kissingen. — 341 kil. — **2e cl** : 18 m. 10. — **3e cl.** : 11 m. 60.
Leipsig. — 483. — **2e cl.** : 26 m. 80. — **3e cl.** : 17 m. 55.
Lindau. — 221 kil. — **2e cl.** : 11 m. 75. — **3e cl.** : 7 m. 55.
Linz. — 240 kil. — **2e cl.** : 13 m. 35. — **3e cl.** : 8 m. 75.
Marienbad. — 314 kil. — **2e cl.** : 17 m. 10. — **3e cl.** : 11 m. 05.
Murnau. — 76 kil. — **2e cl.** : 4 m. 10. — **3e cl.** : 2 m. 60.
Oberdorf. — 101 kil. — **2e cl.** : 5 m. — **3e cl.** : 3 m. 45.
Passau. — 237 kil. — **2e cl.** : 11 m. — **3e cl** : 7 m. 05.
Pilsen. — 327 kil. — **2e cl.** : 22 m. 55. — **3e cl.** : 15 m. 90.
Prague. — 437 kil. — **2e cl.** : 28 m. 55. — **3e cl.** : 18 m. 85.
Ratisbonne. — 136 k. — **2e cl.** : 10 m. 90. — **3e cl.** : 7 m. 25.
Reichenhall. — 161 k. — **2e cl.** : 8 m. 55. — **3e cl.** — 5 m. 50.
Vérone. — 456 kil. — **2e cl.** : 38 m. — **3e cl.** : 17 m. 70.
Vienne. — 428 kil. — **2e cl.** : 24 m. 65. — **3e cl.** : 16 m. 45.
Wurzbourg. — 276 k. — **2e cl.** : 14 m. 65. — **3e cl.** : 9 m. 40.

Salzbourg.

Gmunden. — 116 kil. — **2e cl.** : 4 fl. 14. — **3e cl.** : 2 fl. 76.
Hallein. — 18 k. — **2e cl.** : 65 kr. — **3e cl.** : 43 kr.
Ischl. — 114 kil. — **2e cl.** : 4 fl. 8. — **3e cl.** : 1 fl. 72.
Lend. — 75 kil. — **2e cl.** : 2 fl. 67. — **3e cl.** : 1 fl. 78.

Reichenhall. — 22 k. — **2e cl.** : 1 fl. 20. — **3e cl.** : 75 kr.
Munich. — 153 kil. — **2e cl.** : 8 m. 15. — **3e cl.** : 5 m. 25.

Stuttgart.

Carlsruhe. — 91 kil. — **2e cl.** : 4 m. 85. — **3e cl.** : 3 m. 10.
Heilbronn. — 53 kil. — **2e cl.** : 2 m. 90. — **3e cl.** : 1 m. 90.
Munich. — 241 kil. — **2e cl.** : 12 m. 80. — **3e cl.** : 8 m. 20.
Nuremberg. — 231 k. — **2e cl.** : 12 m. 35. — **3e cl.** : 7 m. 90.
Schaffhouse. — 233 k. — **2e cl.** : 12 m. 50. — **3e cl.** : 8 m.
Ulm. — 94 kil. — **2e cl.** : 5 m. — **3e cl.** : 3 m. 20.

Nuremberg.

Bayreuth. — 94 kil. — **2e cl.** : 5 m. 05. — **3e cl.** : 3 m. 20.
Munich. — 199 kil. — **2e cl.** : 10 m. 55. — **3e cl.** : 6 m. 80.
Prague. — 352 kil. — **2e cl.** : 24 m. 95. — **3e cl.** : 17 m. 20.

Ulm.

Augsbourg. — 85 kil. — **2e cl.** : 4 m. 55. — **3e cl.** : 2 m. 90.
Friedrichshafen. — 124 kil. — **2e cl.** : 5 m. 55. — **3e cl.** : 3 m. 55.
Munich. — 147 kil. — **2e cl.** : 7 m. 80. — **3e cl.** : 5 m.

Strasbourg.

Baden-Baden. — 69 k. — **2e cl.** : 4 m. 90. — **3e cl.** : 3 m. 40.
Belfort. — 159 kil. — **2e cl.** : 8 m. 80. — **3e cl.** : 5 m. 80.
Carlsruhe. — 99 kil. — **2e cl.** : 6 m. 50. — **3e cl.** : 4 m. 60.
Constance. — 222 k. — **2e cl.** : 14 m. 30. — **3e cl.** : 10 m. 10.
Creuznach. — 192 k. — **2e cl.** : 10 m. 40. — **3e cl.** : 6 m. 70.
Fribourg. — 105 kil. — **2e cl.** : 5 m. 60. — **3e cl.** : 3 m. 60.
Hansach. — 76 kil. — **2e cl.** : 4 m. 10. — **3e cl.** : 2 m. 70.
Luxembourg. — 226 kil. — **2e cl.** : 12 m. — **3e cl.** : 7 m. 80.
Mannheim. — 156 kil. — **2e cl.** : 9 m. 70. — **3 cl.** : 6 m. 80.
Metz. — 159 kil. — **2e cl** : 8 m. 50. — **3e cl.** : 5 m. 50.
Nancy. — 150 kil. — **2e cl.** : 9 m. 20. — **3e cl.** : 6 m. 40.
Neuhausen. — 214 kil. — **2e cl.** : 11 m. 40. — **3e cl.** : 7 m. 30.
Sarrebourg. — 71 kil. — **2e cl.** : 3 m. 80. — **3e cl.** : 2 m. 50.

Schaffhouse. — 211 kil. — **2e cl.**: 11 m. 20. — **3e cl.**: 7 m. 20.
Stuttgart. — 193 kil. — **2e cl.**: 10 m. 30. — **3e cl.**: 6 m. 70.
Trèves. — 264 kil. — **2e cl.**: 14 m. 40. — **3e cl.**: 9 m. 40.
Wildbad. — 156 kil. — **2e cl.**: 8 m. 50. — **3e cl.**: 5 m. 50.
Worms. — 167 kil. — **2e cl.**: 10 m. 90. — **3e cl.**: 7 m. 70.

Vienne.

Adelsberg. — 513 kil. — **2e cl.**: 21 fl. 88. — **3e cl.**: 14 fl. 58.
Bâle. — 939 kil. — **2e cl.**: 91 fl. 05. — **3e cl.**: 68 fl. 85.
Berlin. — 689 kil. — **2e cl.**: 53 fl. 40.
Breslau. — 450 kil. — **2e cl.**: 29 fl. 10. — **3e cl.**: 19 fl. 50.
Carlsbad. — 503 kil. — **2e cl.**: 16 fl. 85. — **3e cl.**: 11 fl. 59.
Constantinople. — 1856 kil. — **2e cl.**: 210 fr. 40 c.
Cracovie. — 413 kil. — **2e cl.**: 14 fl. 70. — **3e cl.**: 9 fl. 79.
Dresde. — 519 kil. — **2e cl.**: 21 fl. — **3e cl.**: 13 fl. 96.
Eger. — 456 kil. — **2e cl.**: 15 fl. 89. — **3e cl.**: 10 fl. 98.
Fiume. — 580 kil. — **2e cl.**: 20 fl. 66. — **3e cl.**; 13 fl. 77.
Gmunden. — 255 kil. — **2e cl.**: 9 fl. 05. — **3e cl.**: 6 fl. 02.
Gratz. — 228 kil. — **2e cl.**: 9 fl. 72. — **3e cl.**: 6 fl. 48.
Ischl. — 288 kil. — **2e cl.**: 10 fl. 37. — **3e cl.**: 6 fl. 85.
Lend. — 387 kil. — **2e cl.**: 13 fl. 80. — **3e cl.**: 9 fl. 20.
Linz — 189 kil. — **2e cl.**: 6 fl. 73. — **3e** cl.: 4 fl. 48.
Marienbad. — 425 kil. — **2e cl.**: 15 fl. 30. — **3e cl.**: 10 fl. 20.
Nuremberg. — 513 kil. — **2e cl.**: 29 m. 75. — **3e cl.**: 19 m. 50.
Passau. — 295 kil. — **2e cl.**: 10 fl. 47. — **3e cl.**: 6 fl. 97.
Pilsen. — 350 kil. — **2e cl.**: 12 fl. 60. — **3e cl.**: 8 fl. 40.
Prague. — 350 kil. — **2e cl.**: 12 fl. 60. — **3e cl.**: 8 fl. 40.
Ratisbonne. — 413 kil. — **2e cl.**: 24 m. 45. — **3e cl.**: 16 m. 10.
Salzbourg. — 314 kil. — **2e cl.**: 11 fl. 18. — **3e cl.**: 7 fl. 45.
Saint-Pétersbourg. — 1817 kil. — **2e cl.**: 29 rbl. 41. — **3e cl.**: 15 rbl. 04.
Trieste. — 596 kil. — **2e cl.**: 21 fl. 20. — **3e cl.**: 14 fl. 13.
Venise. — 745 kil. — **2e cl.**: 53 fr. 20. — **3e cl.**: 36 fr. 25.
Wurzbourg. — 615 kil. — **2e cl.**: 35 m. 15. — **3e cl.**: 22 m. 95.

Marbourg.

Kanizsa. — 129 kil. — **2e cl.**: 4 fl. 59. — **3e cl.**: 3 fl. 06.
Pesth. — 353 kil. — **2e cl.**: 12 fl. 55. — **3e cl.**: 8 fl. 37.
Vienne. — 293 kil. — **2e cl.**: 12 fl. 48. — **3e cl.**: 8 fl. 30.
Villach. — 167 kil. — **2e cl.**: 5 fl. 94. — **3e cl.**: 3 fl. 96.

Arad.

Pesth. — 254 kil. — **2e cl.**: 9 fl. 99. — **3e cl.**: 6 fl. 64.
Temesvar. — 58 kil. — **2e cl.**: 2 fl. 27. — **3e cl.**: 1 fl. 51.

Pesth.

Baziasch. — 433 kil. — **2e cl.**: 16 fl. 56. — **3e cl.**: 11 fl. 02.
Kanizsa. — 220 kil. — **2e cl.**: 7 fl. 83. — **3e cl.**: 5 fl. 22.
Orsova. — 491 kil. — **2e cl.**: 19 fl. 22. — **3e cl.**: 12 fl. 80.
Szegedin. — 190 kil. — **2e cl.**: 7 fl. 43. — **3e cl.**: 4 fl. 95.
Temesvar. — 302 kil. — **2e cl.**: 11 fl. 82. — **3e cl.**: 7 fl. 88.
Vienne. — 309 kil. — **2e cl.**: 10 fl. 94. — **3e cl.**: 7 fl. 29.

Villach.

Botzen. — 226 kil. — **2e cl.**: 9 fl. 45. — **3e cl.**: 6 fl. 30.
Linz. — 107 kil. — **2e cl.**: 3 fl. 78. — **3e cl.**: 2 fl. 52.
Vienne. — 479 kil. — **2e cl.**: 13 fl. 50. — **3e cl.**: 9 fl.

Trieste.

Adelsberg. — 84 kil. — **2e cl.**: 2 fl. 97. — **3e cl.**: 1 fl. 98.

Varsovie.

Kiew. — 862 kil. — **2e cl.**: 22 rbl. 73. — **3e cl.**: 11 rbl. 60.
Moscou. — 1305 kil. — **2e cl.**: 34 rbl. 48. — **3e cl.**: 17 rbl. 58.
Odessa. — 1359 kil. — **2e cl.**: 34 rbl. 78. — **3e cl.**: 18 rbl. 26.

Riga. — 802 kil. — **2e cl.** : 21 rbl. 17. — **3e cl.** : 10 rbl. 83.
Saint-Pétersbourg. — 1115 kil. — **2e cl.** : 29 rbl. 41. — **3e cl.** : 15 rbl. 04.
Vienne. — 702 kil. — **2e cl.** : 8 rbl. 10. — **3e cl.** : 4 rbl. 27.

BELGIQUE

Anvers.

Aix-la-Chapelle. — 146 kil. — **2e cl.** : 9 fr. 80. — **3e cl.** : 6 fr. 40.
Berlin. — 832 kil. — **2e cl.** : 69 fr. 65.
Brême. — 507 kil. — **2e cl.** : 41 fr. 70.
Dusseldorf. — 243 kil. — **2e cl.** : 17 fr. 70. — **3e cl.** : 11 fr. 90.
Elberfeld. — 222 kil. — **2e cl.** : 24 fr. 10. — **3e cl.** : 15 fr. 80.
Flushing. — 116 kil. — **2e cl.** : 9 fr. 40. — **3e cl.** : 5 fr.
Hambourg. — 633 kil. — **2e cl.** : 52 fr. 30.
Liége. — 114 kil. — **2e cl.** : 8 fr. 25. — **3e cl.** : 5 fr. 50.
Louvain. — 46 kil. — **2e cl.** : 3 fr. 30. — **3e cl.** : 2 fr. 20.
Maëstricht. — 110 kil. — **2e cl.** : 6 fr. 90. — **3e cl.** : 4 fr. 50.
Malines. — 24 kil. — **2e cl.** : 1 fr. 75. — **3e cl.** : 1 fr. 15.
Rotterdam. — 99 kil. — **2e cl.** : 7 fr. 90. — **3e cl.** : 5 fr. 10.
Saint-Nicolas. — 2 kil. — **2e cl.** : 1 fr. 15. — **3e cl.** : 70 c.
Spa. — 149 kil. — **2e cl.** : 10 fr. 60. — **3e cl.** : 7 fr. 05.
Utrecht. — 170 kil. — **2e cl.** : 13 fr. 90. — **3e cl.** : 8 fr. 80.

Bruges.

Dunkerque. — 78 kil. — **2e cl.** : 5 fr. 10. — **3e cl.** : 3 fr. 50.
Lille. — 84 kil. — **2e cl.** : 5 fr. 60. — **3e cl.** : 3 fr. 80.

Bruxelles.

Aix-la-Chapelle. — 149 kil. — **2e cl.** : 10 fr. 40. — **3e cl.** : 7 fr.

Anvers. — 44 kil. — **2e cl.** : 3 fr. 15. — **3e cl.** : 2 fr. 10.
Arlon. — 192 kil. — **2e cl.** : 14 fr. 05. — **3e cl.** : 9 fr. 40.
Bâle. — 589 kil. — **2e cl.** : 37 fr. 15. — **3e cl.** : 24 fr. 10.
Berlin. — 815 kil. — **2e cl.** : 68 fr. 45.
Boulogne. — 226 kil. — **2e cl.** : 17 fr. 50. — **3e cl.** : 12 fr. 45.
Braine-l'Alleud. — 19 kil. — **2e cl.** : 1 fr. 55. — **3e cl.** : 1 fr. 05.
Brême. — 548 kil. — **2e cl.** : 44 fr. 60.
Bruges. — 99 kil. — **2e cl.** : 7 fr. 05. — **3e cl.** : 4 fr. 70.
Calais. — 214 kil. — **2e cl.** : 16 fr. 40. — **3e cl.** : 11 fr. 65.
Charleroi. — 56 kil. — **2e cl.** : 4 fr. — **3e cl.** : 2 fr. 65.
Cologne. — 224 kil. — **2e cl.** : 19 fr. 30. — **3e cl.** : 13 fr. 05.
Dusseldorf. — 252 kil. — **2e cl.** : 19 fr. 20. — **3e cl.** : 13 fr. 10.
Gand. — 57 kil. — **2e cl.** : 4 fr. 05. — **3e cl.** : 2 fr. 70.
Hambourg. — 691 kil. — **2e cl.** : 55 fr. 20.
Liége. — 100 kil. — **2e cl.** : 7 fr. 10. — **3e cl.** : 4 fr. 75.
Lille. — 110 kil. — **2e cl.** : 8 fr. 10. — **3e cl.** : 5 fr. 45.
Louvain. — 30 kil. — **2e cl** : 2 fr. 15. — **3e cl.** : 1 fr. 45.
Luxembourg. — 220 kil. — **2e cl.** : 12 fr. 80. — **3e cl.** : 8 fr. 40.
Maëstricht. — 114 kil. — **2e cl.** : 7 fr. 40. — **3e cl.** : 4 fr. 90.
Malines. — 21 kil. — **2e cl.** : 1 fr. 50. — **3e cl.** : 1 fr.
Metz. — 287 kil. — **2e cl.** : 17 fr. 15. — **3e cl.** : 11 fr 35.
Mézières. — 170 kil. — **2e cl.** : 12 fr. 10. — **3e cl.** : 8 fr. 45.
Mons. — 61 kil. — **2e cl.** : 4 fr. 35. — **3e cl.** : 2 fr. 90.
Namur. — 56 kil. — **2e cl.** : 4 fr. 40. — **3e cl.** : 2 fr. 95.
Nancy. — 342 kil. — **2e cl.** : 24 fr. 95. — **3e cl.** : 16 fr. 80.
Paris. — 311 kil. — **2e cl.** : 27 fr. 20.
Reims. — 258 kil. — **2e cl.** : 20 fr. 20. — **3e cl.** : 14 fr. 40.
Rotterdam. — 140 kil. — **2e cl.** : 10 fr. 80. — **3e cl.** : 7 fr.
Spa. — 132 kil. — **2e cl.** : 9 fr. 40. — **3e cl.** : 6 fr. 25.
Saint-Nicolas. — 55 kil. — **2e cl.** : 3 fr. 45. — **3e cl.** : 2 fr. 30.
Saint-Omer. — 172 kil. — **2e cl.** : 12 fr. 45. — **3e cl.** : 8 fr. 80.
Strasbourg. — 446 kil. — **2e cl.** : 27 fr. 65. — **3e cl.** : 18 fr. 10.
Tournai. — 85 kil. — **2e cl.** : 13 fr. 20. — **3e cl.** : 8 fr. 80.
Trèves. — 272 kil. — **2e cl.** : 16 fr. 35. — **3e cl.** : 10 fr. 85.
Valenciennes. — 85 kil. — **2e cl.** : 5 fr. 35. — **3e cl.** : 3 fr. 60.
Verviers. — 125 kil. — **2e cl.** : 14 fr. 20. — **3e cl.** : 9 fr. 45.
Waterloo. — 16 kil. — **2e cl.** : 95 c. — **3e cl.** : 65 c.

Gand.

Aix-la-Chapelle. — 205 kil. — **2e cl.** : 15 fr. — **3e cl.** : 10 fr. 05.
Anvers. — 50 kil. — **2e cl.** : 3 fr. — **3e cl.** : 2 fr.
Bruges. — 45 kil. — **2e cl.** : 3 fr. 20. — **3e cl.** : 2 fr. 15.
Calais. — 180 kil. — **2e cl.** : 14 fr. 60.
Charleroi. — 104 kil. — **2e cl.** : 7 fr. 40. — **3e cl.** : 4 fr. 95.
Cologne. — 275 kil. — **2e cl.** : 20 fr. 25. — **3e cl.** : 13 fr. 65.
Courtrai. — 44 kil. — **2e cl.** : 3 fr. 15. — **3e cl.** : 2 fr. 10.
Dunkerque. — 109 kil. — **2e cl.** : 6 fr. 80. — **3e cl.** : 4 fr. 65.
Lille. — 75 kil. — **2e cl.** : 5 fr. 70. — **3e cl.** : 3 fr. 90.
Louvain. — 81 kil. — **2e cl.** : 5 fr. 75. — **3e cl.** : 3 fr. 85.
Malines. — 57 kil. — **2e cl.** : 4 fr. 05. — **3e cl.** : 2 fr. 70.
Namur. — 116 kil. — **2e cl.** : 8 fr. 25. — **3e cl.** : 5 fr. 50.
Ostende. — 68 kil. — **2e cl.** : 4 fr. 85. — **3e cl.** : 3 fr. 25.
Saint-Nicolas. — 30 kil. — **2e cl.** : 1 fr. 90. — **3e cl.** : 1 fr. 30.
Tournai. — 76 kil. — **2e cl** : 5 fr. 40. — **3e cl.** : 3 fr. 60.

Ostende.

Anvers. — 118 kil. — **2e cl.** : 7 fr. 85. — **3e cl.** : 5 fr. 25.
Berlin. — **2e cl.** : 76 fr. 05.
Bruxelles. — 122 kil. — **2e cl.** : 8 fr. 65. — **3e cl.** : 5 fr. 80.
Cologne. — 339 kil. — **2e cl.** : 23 fr. 85. — **3e cl.** : 16 fr. 10.
Liége. — 215 kil. — **2e cl.** : 15 fr. 25. — **3e cl.** : 10 fr. 20.
Spa. — 247 kil. — **2e cl.** : 17 fr. 55. — **3e cl.** : 11 fr. 70.
Strasbourg. — 570 kil. — **2e** cl. : 34 fr. 70. — **3e cl.** : 22 fr. 80.

Malines.

Louvain. — 25 kil. — **2e cl.** : 1 fr. 80. — **3e cl.** : 1 fr. 20.

Luxembourg.

Spa. — 132 kil. — **2e cl.** : 8 fr. 30. — **3e cl.** : 5 fr. 50.
Trèves. — 56 kil. — **2e cl.** : 3 fr. — **3e cl.** : 1 fr. 90.

HOLLANDE

Amsterdam

Alkmaar. — 39 kil. — **2e cl.** : 1 gl. 55 — **3e cl.** : 1 gl.
Anvers. — 168 kil. — **2e cl.** : 6 gl. 55 — **3e cl.** : 4 gl. 25.
Arnheim. — 92 kil. — **2e cl.** : 3 gl. 80 — **3e cl.** : 2 gl. 40.
Clèves. — 125 kil. — **2e cl.** : 10 gl. 20 — **3e cl.** : 6 gl. 40.
Crefeld. — 190 kil. — **2e cl.** : 14 gl. — **3e cl.** : 8 gl. 90.
Delft. — 69 kil. — **2e cl.** : 2 gl. 80 — **3e cl.** : 1 gl. 70.
Dusseldorf. — 216 k. — **2e cl.** : 15 gl. 60 — **3e cl.** : 10 gl. 40
Harlem. — 17 kil. — **2e cl.** : 0 gl. 70 — **3e cl.** : 0 gl. 45.
La Haye. — 61 kil. — **2e cl.** : 2 gl. 50 — **3e cl.** : 1 gl. 50.
Hanovre. — 382 k. — **2e cl.** : 25 gl. 70 — **3e cl.** : 17 gl. 20.
Helder. — 81 kil. — **2e cl.** : 3 gl. 25 — **3e cl.** : 2 gl.
Leyde. — 45 kil. — **2e cl.** : 1 gl. 90 — **3e cl.** : 1 gl. 20.
Minden. — 315 kil. — **2e cl.** : 21 gl. 80 — **3e cl.** : 14 gl. 60.
Osnabrück. — 246 kil. — **2e cl.** : 5 gl. 80 — **3e cl.** : 3 gl. 50
Rotterdam. — 84 kil. — **2e cl.** : 2 gl. 85 — **3e cl.** : 1 gl. 85
Utrecht. — 35 kil. — **2e cl.** : 1 gl. 40 — **3e cl.** : 0 gl. 85.

La Haye

Delft. — 8 kil. — **2e cl.** : 0 gl. 40 — **3e cl.** : 0 gl. 25.
Harlem. — 44 kil. — **2e cl.** : 1 gl. 85 — **3e cl.** : 1 gl. 10.
Leyde. — 15 kil. — **2e cl.** : 0 gl. 60 — **3e cl.** : 0 gl. 40.
Utrecht. — 60 kil. — **2e cl.** : 1 gl. 90 — **3e cl.** : 1 gl. 20.

Rotterdam

Arnheim. — 109 kil. — **2e cl.** : 4 gl. 15 — **3e cl.** 2 gl. 65.
Clèves. — 142 kil. — **2e cl.** : 10 gl. 30 — **3e cl.** : 6 gl. 40.
Crefeld. — 207 kil. — **2e cl.** : 14 gl. 10 — **3e cl.** : 8 gl. 90.
Delft. — 15 kil. — **2e cl.** : 0 gl. 70 — **3e cl.** : 0 gl. 40.
Dusseldorf. — 233 k. — **2e cl.** : 16 gl. 90 — **3e cl.** : 11 gl. 40
Flushing. — 134 kil. — **2e cl.** : 5 gl. 35 — **3e cl.** : 3 gl. 30

Harlem. — 67 kil. — **2e cl.** : 2 gl. 70 — **3e cl.** : 1 gl. 70.
La Haye. — 23 kil. — **2e cl.** : 1 gl. — **3e cl.** : 0 gl. 60.
Hanovre. — 416 kil. — **2e cl.** : 29 gl. 40 — **3e cl.** : 20 gl.
Leyde. — 38 kil. — **2e cl.** : 1 gl. 60 — **3e cl.** : 1 gl.
Minden. — 349 kil. — **2e cl.** : 25 gl. 50 — **3e cl.** : 17 gl.
Osnabruck. — 280 k. — **2e cl.** : 21 gl. 40 — **3e cl.** : 14 gl. 60
Ryswick. — 20 kil. — **2e cl.** : 0 gl. 85 — **3e cl.** : 0 gl. 60.
Utrecht. — 52 kil. — **2e cl.** : 1 gl. 75 — **3e cl.** : 1 gl. 15.

ITALIE

—

Girgenti

Catane. — 157 kil. — **2e cl.** : 14 l. 65 — **3e cl.** : 10 l. 60
Palerme. — 134 kil. — **2e cl.** : 10 l. 60 — **3e cl.** : 7 l. 55
Porto-Empedocle. — 10 kil. — **2e cl.** : 80 c. — **3e cl.** : 60 c.

Messine

Catane. — 95 kil. — **2e cl.** : 7 l. 55 — **3e cl.** : 5 l. 40.
Girgenti. — 252 kil. — **2e cl.** : 22 l. 20 — **3e cl.** : 15 l. 85
Licata. — 292 kil. — **2e cl.** : 23 l. 15 — **3e cl.** : 16 l. 55.
Palerme. — 394 kil. — **2e cl.** : 31 l. 20 — **3e cl.** : 22 l. 30.
Syracuse. — 182 kil. — **2e cl.** : 14 l. 45 — **3e cl.** : 10 l. 35.
Taormina. — 48 kil. — **2e cl.** : 3 l. 80 — **3e cl.** : 2 l. 75.

Palerme

Catane. — 299 kil. — **2e cl.** : 23 l. 70 — **3e cl.** : 16 l. 90.
Licata. — 202 kil. — **2e cl.** : 16 l. 05 — **3e cl.** : 11 l. 45.
Marsala. — 158 kil. — **2e cl.** : 12 l. 50 — **3e cl.** : 6 l. 35.
Mazzara. — 137 kil. — **2e cl.** : 10 l. 85 — **3e cl.** : 5 l. 50.
Trapani. — 189 kil. — **2e cl.** : 14 l. 95 — **3e cl.** : 7 l. 60.

Florence

Alexandrie. — 377 k. — **2e cl.** : 32 l. 85 — **3e cl.** : 21 l. 35
Ancône. — 337 kil. — **2e cl.** : 27 l. 15 — **3e cl.** : 16 l. 45.
Arezzo. — 88 kil. — **2e cl.** : 6 l. 50 — **3e cl.** : 4 l. 50.
Bari. — 783 kil. — **2e cl.** : 63 l. 05 — **3e cl.** : 36 l. 95.
Bologne. — 133 kil. — **2e cl.** : 11 l. 60 — **3e cl.** : 7 l. 55.
Botzen. — 422 kil. — **2e cl.** : 34 l. 60 — **3e cl.** : 24 l. 35.
Brindisi. — 894 kil. — **2e cl.** : 71 l. 80 — **3e cl.** : 41 l. 95
Chiusi. — 151 kil. — **2e cl.** : 11 l. 10 — **3e cl.** : 7 l. 50
Empoli. — 31 kil. — **2e cl.** : 2 l. 40 — **3e cl.** : 1 l. 65.
Ferrare. — 180 kil. — **2e cl.** : 15 l. 70 — **3e cl.** : 10 l. 25.
Foggia. — 660 kil. — **2e cl.** : 53 l. 30 — **3e cl.** : 31 l. 40.
Gênes. — 247 kil. — **2e cl.** : 19 l. 20 — **3e cl.** : 13 l. 60.
Innsbruck. — 551 kil. — **2e cl.** 46 l. 35 — **3e cl.** : 32 l. 15
Leghorn. — 97 kil. — **2e cl.** : 7 l. 15 — **3e cl.** : 5 l.
Lucca. — 78 kil. — **2e cl.** : 6 l. 20 — **3e cl.** : 4 l. 45.
Mantoue. — 232 kil. — **2e cl.** : 20 l. 20 — **3e cl.** : 13 l. 20
Modène. — 170 kil. — **2e cl.** : 14 l. 80 — **3e cl.** : 9 l. 65.
Munich. — 726 kil. — **2e cl.** : 68 l. 95 — **3e cl.** : 37 l. 50.
Orvieto. — 151 kil. — **2e cl.** : 14 l. 05 — **3e cl.** : 9 l. 75.
Padoue. — 256 kil. — **2e cl.** : 22 l. 35 — **3e cl.** : 14 l. 50.
Parme. — 223 kil. — **2e cl.** : 19 l. 45 — **3e cl.** : 12 l. 60.
Perugia. — 166 kil. — **2e cl.** : 12 l. 20 — **3e cl.** : 8 l. 45.
Piacenza. — 280 kil. — **2e cl.** : 24 l. 40 — **3e cl.** : 15 l. 85
Pise. — 79 kil. — **2e cl.** : 5 l. 85 — **3e cl.** : 4 l. 05.
Pistoja. — 34 kil. — **2e cl.** : 3 l. — **3e cl.** : 1 l. 95.
Ravenne. — 217 kil. — **2e cl.** : 18 l. 30 — **3e cl.** : 11 l. 35
Sienne. — 95 kil. — **2e cl.** : 7 l. 30 — **3e cl.** : 4 l. 95.
Spezzia. — 155 kil. — **2e cl** : 11 l. 95 — **3e cl.** : 8 l. 40.
Venise. — 293 kil. — **2e cl.** : 25 l. 55 — **3e cl.** : 16 l. 60.
Vérone. — 272 kil. — **2e cl.** : 23 l. 75 — **3e cl.** : 15 l. 45.

Gênes.

Alexandrie. — 76 kil. — **2e cl** : 6 l. 60. — **3e cl** : 4 l. 30.
Ancône. — 524 kil. — **2e cl.** : 44 l. — **3e cl.** : 27 l. 35.
Asti. — 110 kil. — **2e cl.** : 9 l. 55. — **3e cl.** : 6 l. 20.
Bâle. — 522 kil. — **2e cl.** : 44 l. 60. — **3e cl.** : 30 l. 60.
Bellinzona. — 251 kil. — **2e cl.** : 19 l. 75. — **3e cl.** : 14 l. 10.
Bologne. — 320 kil. — **2e cl.** : 27 l. 85. — **3e cl.** : 18 l. 10.
Bordighera. — 147 kil. — **2e cl.** : 12 l. 80. — **3e cl.** : 8 l. 35.

Brindisi. — 1,081 kil. — **2e cl.** : 88 l. 05. — **3e cl.** : 52 l. 50.
Cannes. — 218 kil. — **2e cl.** : 24 l. 70. — **3e cl.** : 17 l. 70.
Civita-Vecchia. — 420 kil. — **2e cl.** : 32 l. 05. — **3e cl.** : 22 l. 55.
Foggia. — 847 kil. — **2e cl** : 71 l. 15. — **3e cl.** : 42 l. 85.
Leghorn. — 187 kil. — **2e cl.** : 14 l. 55. — **3e cl.** : 10 l. 25.
Lucca. — 189 kil. — **2e cl.** : 15 l. — **3e cl.** : 10 l. 70.
Lucerne. — 427 kil. — **2e cl.** : 36 l. 65. — **3e cl.** : 25 l. 50.
Luino. — 211 kil. — **2e cl.** : 18 l. 40. — **3e cl.** : 11 l. 95.
Massa. — 123 kil. — **2e cl.** : 9 l. 65. — **3e cl.** : 6 l. 90.
Menton. — 163 kil. — **2e cl.** : 14 l. 15. — **3e cl.** : 9 l. 25.
Milan. — 171 kil. — **2e cl.** : 13 l. 25. — **3e cl.** : 8 l. 55.
Monaco. — 172 kil. — **2e cl.** : 14 l. 95. — **3e cl.** : 9 l. 85.
Naples. — 762 kil. — **2e cl.** : 56 l. 30. — **3e cl.** : 41 l. 10.
Nervi. — 12 kil. — **2e cl.** : 1 l. 05. — **3e cl.** : 70 c.
Nice. — 187 kil. — **2e cl.** : 16 l. 40. — **3e cl.** : 10 l. 90.
Novare. — 143 kil. — **2e cl** : 12 l. 45. — **3e cl.** : 8 l. 10.
Parme. — 205 kil. — **2e cl.** : 17 l. 45. — **3e cl.** : 11 l. 70.
Pavie. — 116 kil. — **2e cl.** : 10 l. 20. — **3e cl.** : 6 l. 60.
Piacenza. — 148 kil. — **2e cl.** : 12 l. 90. — **3e cl.** : 8 l. 45.
Pise. — 165 kil. — **2e cl.** : 14 l. 35. — **3e cl.** : 9 l. 35.
Ravenne. — 404 kil. — **2e cl.** : 34 l. 55. — **3e cl.** : 21 l. 90.
San-Remo. — 136 kil. — **2e cl.** : 11 l. 85. — **3e cl.** : 7 l. 70.
Spezzia. — 91 kil. — **2e cl.** : 7 l. 50. — **3e cl.** : 5 l. 15.
Toulon. — 345 kil. — **2e cl.** : 30 l. 90. — **3e cl.** : 21 l. 55.
Venise. — 436 kil. — **2e cl.** : 36 l. 35. — **3e cl.** : 23 l. 55.
Vérone. — 287 kil. — **2e cl.** : 23 l. 35. — **3e cl.** : 15 l. 15.

Milan.

Alexandrie. — 95 kil. — **2e cl.** : 8 l. 35. — **2e cl.** : 5 l. 45.
Ancône. — 420 kil. — **2e cl.** : 35 l. — **3e cl.** : 21 l. 45.
Arona. — 67 kil. — **2e cl.** : 5 l. 30. — **3e cl.** : 3 l. 80.
Bari. — 866 kil. — **2e cl.** : 70 l. 30. — **3e cl.** : 41 l. 60.
Bologne. — 216 kil. — **2e cl.** : 18 l. 85. — **3e cl.** : 12 l. 20.
Botzen. — 303 kil. — **2e cl.** : 29 l. — **3e cl.** : 17 l. 45.
Brindisi. — 977 kil. — **2e cl.** : 79 l. 05. — **3e cl.** : 46 l. 60.
Côme. — 48 kil. — **2e cl.** : 4 l. 20. — **3e cl.** : 2 l. 75.
Crémone. — 83 kil. — **2e cl.** : 7 l. 05. — **3e cl.** : 4 l. 70.
Desenzano. — 169 kil. — **2e cl** : 9 l. 50. — **3e cl.** : 6 l. 15.
Florence. — 349 kil. — **2e cl.** : 30 l. 45. — **3e cl.** : 19 l. 75.
Foggia. — 743 kil. — **2e cl.** : 60 l. 55. — **3e cl.** : 36 l. 05.
Innsbruck. — 432 kil. — **2e cl.** : 40 l. 90. — **3e cl.** : 25 l. 25.
Lecco. — 51 kil. — **2e cl.** : 4 l. 10. — **3e cl.** : 2 l. 95.

Lucca. — 358 kil. — **2e cl.** : 30 l. 85. — **3e cl.** : 20 l. 20.
Lugano. — 78 kil. — **2e** 6 l. 05. — **3e cl.** : 4 l. 30.
Mantoue. — 146 kil. — **2e cl.** : 12 l. 05. — **3e cl.** : 8 l. 30.
Modène. — 179 kil. — **2e cl.** : 15 l. 65. — **3e cl.** : 10 l. 10.
Monza. — 13 kil. — **2e cl.** : 1 l. 05. — **3e cl.** : 75 c.
Munich. — 607 kil. — **2e cl.** : 61 l. 30. — **3e cl.** : 30 l. 75.
Padoue. — 228 kil. — **2e cl.** : 19 l. 80. — **3e cl.** : 12 l. 90.
Parme. — 126 kil. — **2e cl.** : 11 l. — **3e cl.** : 7 l. 15.
Pavie. — 36 kil. — **2e cl.** : 4 l. 50. **3e cl.** : 3 l. 15.
Piacenza. — 69 kil. **2e cl.** : 6 l. 05. — **3e cl.** : 3 l. 90.
Ravenne. — 300 kil. — **2e cl.** : 22 l. 55. — **3e cl.** : 16 l.
Rome. — 663 kil. — **2e cl.** : 51 l. 20. — **3e cl.** : 36 l. 20.
Varèse. — 60 kil. — **2e cl.** : 5 l. 10. — **3e cl.** : 3 l. 40.
Venise. — 265. — **2e cl.** : 23 l. 10. — **3e cl.** : 15 l.

Naples.

Ancône. — 521 kil. — **2e cl.** : 41 l. 25. — **3e cl.** : 23 l. 55.
Bari. — 320 kil. — **2e cl.** : 25 l. 35. — **3e cl.** : 14 l. 45.
Bénévent. — 97 kil. — **2e cl.** : 7 l. 70. — **3e cl.** : 3 l.
Bologne. — 725 kil. — **2e cl.** : 57 l. 40. — **3e cl.** : 32 l. 80.
Brindisi. — 430 kil. — **2e cl.** : 34 l. 05. — **3e cl.** : 19 l. 45.
Capoue. — 44 kil. — **2e cl.** : 2 l. 55. — **3e cl.** : 1 l. 30.
Caserta. — 33 kil. — **2e cl.** : 1 l. 95. — **3e cl.** : 1 l.
Castellamare. — 27 kil. — **2e cl.** : 2 l. 15. — **3e cl.** : 85 c.
Eboli. — 80 kil. — **2e cl.** : 6 l. 35. — **3e cl.** : 3 l. 65.
Foggia. — 198 kil. — **2e cl.** : 15 l. 70. — **3e cl.** : 8 l. 95.
Mantoue. — 824 kil. — **2e cl.** : 66 l. — **3e cl.** : 38 l. 45.
Milan. — 923 kil. — **2e cl.** : 68 l. 80. — **3e cl.** : 48 l. 55.
Modène. — 762 kil. — **2e cl.** : 60 l. 60. — **3e cl.** : 34 l. 90.
Munich. — 1,319 kil. — **2e cl.** : 118 l. 95.
Otrante. — 517 kil. — **2e cl.** : 40 l. 95. — **3e cl.** : 23 l.
Parme. — 815 kil. — **2e cl.** : 65 l. 25. — **3e cl.** : 37 l. 85.
Pompéï. — 24 kil. — **2e cl.** : 1 l. 90. — **3e cl.** : 1 l. 10.
Portici. — 8 kil. — **2e cl.** : 65 c. — **3e cl.** : 40 c.
Reggio. — 703 kil. — **2e cl.** : 55 l. 65.
Rome. — 260 kil. — **2e cl.** : 19 l. 85. — **3e cl.** : 13 l. 95.
Turin. — 1,042 kil. — **2e cl.** : 80 l. 15. — **3e cl.** : 56 l. 85.
Venise. — 868 kil. — **2e cl.** : 66 l. 70. — **3e cl.** : 47 l.
Vérone. — 863 kil. — **2e cl.** : 69 l. 55. — **3e cl.** : 40 l. 70.

Rome.

Albano. — 28 kil. — **2e cl.** : 2 l. 30. — **3e cl.** : 1 l. 65.

Ancône. — 295 kil. — **2e cl.** : 22 l. 30. — **3e cl.** : 15 l. 55.
Arezzo. — **2e cl.** : 17 l. 20. — **3e cl.** : 12 l.
Bologne. — 483 kil. — **2e cl.** : 39 l. 75.
Brindisi. — 624 kil. — **2e cl.** : 49 l. 20. — **3e cl.** : 30 l. 30.
Capoue. — 215 kil — **2e cl.** : 16 l. 60. — **3e cl.** : 11 l. 70.
Caserta. — 226 kil. — **2e cl.** : 17 l. 40. — **3e cl.** : 12 l. 25.
Civita-Vecchia. — 81 kil. — **2e cl.** : 6 l. 45. — **3e cl.** : 4 l. 60.
Florence. — 315 kil. — **2e cl.** : 23 l. 55. — **3e cl.** : 16 l. 45.
Foggia. — 390 kil. — **2e cl.** : 30 l. 40. — **3e cl.** : 19 l. 65.
Frascati. — 20 kil. — **2e cl.** : 1 l. 70. — **3e cl.** : 1 l. 20.
Gênes. — 500 kil. — **2e cl.** : 38 l. 45. — **3e cl.** : 27 l. 15.
Leghorn. — 333 kil. — **2e cl.** : 25 l. 45. — **3e cl.** : 17 l. 90.
Lucca. — 353 kil. — **2e cl.** : 27 l. 25. — **3e cl.** : 19 l. 20.
Orvieto. — 125 kil. — **2e cl.** : 9 l. 60. — **3e cl.** : 6 l. 80.
Perugia. — 205 kil. — **2e cl.** : 15 l. 75. — **3e cl.** : 11 l. 05.
Pise. — 332 kil. — **2e cl.** : 25 l. 35. — **3e cl.** : 17 l. 80.
Spezzia. — 408 kil. — **2e cl.** : 31 l. 30. — **3e cl.** : 22 l. 05.
Venise. — 608 kil. — **2e cl.** : 46 l. 80. — **3e cl.** : 33 l. 05.
Vérone. — 585 kil. — **2e cl.** : 45 l. 10. — **3e cl.** : 31 l. 90.

Turin.

Aix-les-Bains. — 219 kil. — **2e cl.** : 20 f. 95. — **3e cl.** : 14 f. 85.
Alexandrie. — 91 kil. — **2e cl.** : 7 l. 90. — **3e cl.** : 5 l. 15.
Ancône. — 539 kil. — **2e cl.** : 45 l. 35. — **3e cl.** : 28 l. 20.
Annecy. — 259 kil. — **2e cl.** : 24 l. 60. — **3e cl.** : 17 l. 50.
Arona. — 137 kil. — **2e cl.** : 11 l. 70. — **3e cl.** : 7 l. 75.
Asti. — 56 kil. — **2e cl.** : 4 l. 90. — **3e cl.** : 3 l. 20.
Bari. — 985 kil. — **2e cl.** : 80 l. 65. — **3e cl.** : 48 l. 35.
Bologne. — 335 kil. — **2e cl.** : 29 l. 20. — **3e cl.** : 18 l. 95.
Bordighera. — 259 k. — **2e cl.** : 19 l. 75. — **3e cl** : 14 l. 20.
Brindisi. — 1096 kil. — **2e cl.** : 89 l. 40. — **3e cl.** : 53 l. 35.
Chambéry. — 205 k. — **2e cl.** : 19 l. 65. — **3e cl.** : 13 l. 90.
Chieri. — 22 kil. — **2e cl.** : 1 l. 75. — **3e cl.** : 1 l. 25.
Civita-Vecchia. — 586 k. — **2e cl.** : 45 l. 30. — **3e cl.** : 32 l.
Crémone. — 217 kil. — **2e cl.** : 18 l. 20. — **3e cl.** : 11 l. 95.
Cuneo. — 88 kil. — **2e cl.** : 7 l. — **3e cl.** : 5 l.
Dijon. — 361 kil. — **2e cl.** : 45 l. 60. — **3e cl.** : 32 l. 95.
Ferrare. — 382 kil. — **2e cl.** : 33 l. 30. — **3e cl.** : 21 l. 70.
Florence. — 468 kil. — **2e cl.** : 40 l. 80. — **3e cl.** : 26 l. 50.
Foggia. — 862 kil. — **2e cl.** : 70 l. 90. — **3e cl.** : 42 l. 80.
Genève. — 308 kil. — **2e cl.** : 29 l. 15. — **3e cl.** : 20 l. 85.

Gênes. — 167 kil. — **2e cl.** : 14 l. 60. — **3e cl.** : 9 l. 45.
Grenoble. — 268 kil. — **2e cl.** : 25 l. 45. — **3e cl.** : 18 l. 15.
Ivrea. — 62 kil. — **2e cl.** : 5 l. 20. — **3e cl.** : 3 l. 55.
Leghorn. — 352 kil. — **2e cl** : 27 l. 80. — **3e cl.** : 19 l. 90.
Mâcon. — 360 kil. — **2e cl.** : 33 l. 90. — **3e cl.** : 24 l. 40.
Menton. — 275 kil. — **2e cl.** 21 l. 30. — **3e cl.** 15 l. 40.
Milan. — 150 kil. — **2e cl.** : 13 l. 10. — **3e cl.** : 8 l. 50.
Modane. — 94 kil. — **2e cl.** : 9 l. 85. — **3e cl.** : 6 l. 55.
Modène. — 298 kil. — **2e cl** : 25 l. 95. — **3e cl.** : 16 l. 90.
Padoue. — 378 kil. — **2e cl** : 32 l. 90. — **3e cl.** : 21 l. 40.
Paris. — 801 kil. — **2e cl.** : 74 l. 65. — **3e cl.** : 54 l. 25.
Parme. — 246 kil. — **2e cl.** : 21 l. 45. — **3e cl.** : 13 l. 95.
Pavie. — 156 kil. — **2e cl.** : 13 l. 05. — **3e cl.** : 8 l. 90.
Piacenza. — 188 kil. — **2e cl.** : 16 l. 40. — **3e cl.** : 10 l. 65.
Pignerol. — 38 kil. — **2e cl.** : 2 l. 60. — **33e cl.** 1 l. 75.
Pise. — 330 kil. — **2e cl.** : 28 l. 80. — **3e cl.** : 18 l. 70.
Ravenne. — 419 kil. — **2e cl.** : 35 l. 90. — **3e cl.** : 22 l. 75.
Rivoli. — 12 kil. — **2e cl.** : 0 l. 50.
Rome. — 668 kil. — **2e cl.** : 58 l. 25. — **3e cl.** : 42 l. 90.
San-Remo. — 238 kil. — **2e cl.** : 19 l. 90. — **3e cl.** : 13 l. 55.
Savone. — 146 kil. — **2e cl.** : 11 l. 90. — **3e cl.** : 8 l. 35.
Suse. — 53 kil. — **2e cl.** : 4 l. 20. — **3e cl.** : 3 l.
Venise. — 415 kil. — **2e cl.** : 36 l. 15. — **3e cl.** : 23 l. 45.
Vérone. — 300 kil. — **2e cl.** : 26 l. 15. — **3e cl.** : 16 l. 95.

Venise.

Ancône. — 364 kil. — **2e cl.** : 30 l. 10. — **3e cl.** : 18 l. 30.
Bari. — 810 kil. — **2e cl.** : 65 l. 40. — **3e cl.** : 38 l. 45.
Bologne. — 160 kil. — **2e cl.** : 13 l. 95. — **3e cl.** : 9 l. 05.
Bolzen. — 267 kil. — **2e cl.** : 25 l. 90. — **3e cl.** : 15 l. 50.
Brindisi. — 921 kil. — **2e cl.** : 74 l. 15. — **3e cl.** : 43 l. 45.
Conegliano. — 57 kil. — **2e cl.** : 5 l. — **3e cl.** : 3 l. 25.
Ferrare. — 113 kil. — **2e cl.** : 9 l. 85 — **3e cl.** : 6 l. 40.
Foggia. — 687. kil. — **2e cl.** : 55 l. 65. — **3e cl.** : 32 l. 90.
Innsbruck. — 396. kil. — **2e cl.** : 39 l. 80. — **3e cl.** : 23 l. 30.
Lucca. — 302 kil. — **2e cl.** : 25 l. 95. — **3e cl.** : 17 l. 05.
Mantoue. — 157 kil. — **2e cl.** 13 l. 70. — **3e cl.** : 8 l. 95.
Modène. — 218 kil. — **2e cl.** : 19 l. 05. — **3e cl.** : 12 l. 40.
Munich. — 571 kil. — **2e cl.** : 58 l. 20. — **3e cl.** : 28 l. 65.
Padoue. — 37 kil. — **2e cl** : 3 l. 25. — **3e cl.** : 2 l. 10.
Peschiera. — 142 kil. — **2e cl.** : 12 l. 40. — **3e cl.** : 8 l. 05.
Pise. — 326 kil. — **2e cl.** : 27 l. 85. — **3e cl.** : 18 l. 45.
Ravenne. — 244 kil. — **2e cl.** : 20 l. 65. — **3e cl.** : 12 l. 85.

Trévise. — 30 kil. — **2e cl.** : 2 l. 65. — **3e cl.** : 1 l. 70.
Trieste. — 214 kil. — **2e cl.** : 16 l. 95. — **3e cl.** : 12 l. 80.
Udine. — 136 kil. — **2e cl.** : 10 l. 85. — **3e cl.** : 7 l. 70.
Vérone. — 116 kil. — **2e cl.** : 10 l. 10. — **3e cl.** : 6 l. 60.
Vicenza. — 68 kil. — **2e cl.** : 5 l. 95. — **3e cl.** : 3 l. 85.

Vérone.

Bergamo. — 118 kil. — **2e cl.** : 9 l. 95. — **3e cl.** : 6 l. 65.
Bologne. — 139. — **2e cl.** : 12 l. 15. — **3e cl.** : 7 l. 90.
Bolzen. — 152 kil. : **2e cl.** : 16 l. 70. — **3e cl.** : 9 l.
Brescia. — 68 kil. — **2e cl.** : 5 l. 95. — **3e cl.** : 3 l. 80.
Crémone. — 104 kil. — **2e cl.** : 8 l. 60. — **2e cl.** : 5 l. 95.
Dezenzano. — 40 kil. — **2e cl.** : 3 l. 50. — **3e cl.** : 2 l. 25.
Ferrare. — 136 kil. — **2e cl.** : 10 l. 90. — **3e cl.** : 7 l. 60.
Innsbruck. — 281 kil. — **2e cl.** : 30 l. 60 — **3e cl.** : 16 l. 80.
Lecco. — 151 kil. — **2e cl.** : 12 l. 55. — **3e cl.** : 8 l. 50.
Mantoue. — 41 kil. — **2e cl.** : 3 l. 60. — **3e cl.** : 2 l. 35.
Milan. — 149 kil. — **2e cl.** : 13 l; — **3e cl.** : 8 l. 40.
Modène. — 102 kil. — **2e cl.** : 8 l. 95. — **3e cl.** : 5 l. 80.
Padoue. — 78 kil. — **2e cl.** : 6 l. 75. — **3e cl.** : 4 l. 45.
Pavie. — 193 kil. — **2e cl.** 15 l. 90. — **3e cl.** : 10 l. 90.
Peschiera. — 26 kil. — **2e cl.** : 2 l. 30. — **3e cl.** : 1 l. 45.
Roveredo. — **2e cl.** : 6 l. — **3e cl.** : 4 l. 15.
Rovigo. — 101 kil. — **2e cl.** : 8 l. — **3e cl.** : 5 l. 75.
Trévise. — 121 kil. — **2e cl.** : 7 l. 80. — **3e cl.** : 5 l. 10.
Trient. — **2e cl.** : 8 l. 05. — **3e cl.** 5 l. 35.
Udine. — 233 kil. — **2e cl.** : 19 l. 30. — **3e cl.** : 13 l. 20.
Vicenza. — 48 kil. — **2e cl.** : 4 l. 15. — **3e cl.** : 2 l. 75.
Villafranca. — 18 kil. — **2e cl.** : 1 l. 60. — **3e cl.** : 1 l. 05.

ESPAGNE ET PORTUGAL

Cordoue.

Grenade. — 247 k. — **2e cl.** : 122 r. 65. — **3e cl.** : 77 r. 12.
Malaga. — 193 kil. — **2e cl.** : 79 r. 80. — **3e cl.** : 48 r. 40.
Séville. — 131 kil. — **2e cl.** : 49 r. 20. — **3e cl.** : 29 r. 40.

Barcelone.

Pampelune. — 547 kil. — **2e cl.** : 205 r. 80. — **3e cl.** : 141 r. 50.
Perpignan. — 212 k. — **2e cl.** 63 r. 50. — **3e cl.** : 42 r. 25.
Saragosse. — 366 k. — **2e cl.** : 137 r. 50. — **3e cl.** : 100 r. 75.
Tarragone. — 102 kil. — **2e cl.** : 38 r. — **3e cl.** : 25 r.
Valence. — 377 k. — **2e cl.** : 117 r. 20. — **3e cl.** : 83 r. 60.

Tarragone.

Saragosse. — 286 k. — **2e cl.** : 104 r. 28. — **3e cl.** : 76 r. 56.
Valence. — 275 kil. — **2e cl.** 79 r. 20. — **3e cl.** : 58 r. 60.

Valence.

Alicante. — 192 kil. — **2e cl.** : 74 r. 39. — **3e cl.** : 44 r. 18.
Carthagène. — 418 k. — **2e cl.** : 160 r. 06. — **3e cl.** : 96 r. 59.

Lisbonne.

Badajoz. — 265 kil. — **2e cl.** : 4100 r. — **3e cl.** : 2930 r.
Casevel. — 201 kil. — **2e cl.** : 4540 r. — **3e cl.** : 2680 r.
Coimbra. — 217 kil. — **2e cl.** : 3370 r. — **3e cl.** : 2410 r.
Extremoz. — 168 kit. — **2e cl.** : 3370 r. — **3e cl.** : 2260 r.
Oporto. — 337 kil. — **2e cl.** : 5210 r. — **3e cl.** : 3720 r.
Quintos. — 173 kil. — **2e cl.** : 3460 r. — **3e cl.** : 2320 r.
Setubal. — 28 kil. — **2e cl.** : 720 r. — **3e cl.** : 500 r.

Badajoz

Belmez. — 244 kil. — **2e cl.** : 91 rl. 12 — **3e cl.** : 60 rl. 75

Madrid

Alcala. — 34 kil. — **2e cl.** : 13 rl. 17 — **3e cl.** : 8 rl. 08.
Alhama. — 219 kil. — **2e cl.** : 84 rl. 86 — **3e cl.** : 52 rl.
Alicante. — 455 kil. — **2e cl.** : 176 rl. 32 — **3e cl.** : 108 rl. 07
Badajoz. — 507 kil. — **2e cl.** : 190 rl. 13 — **3e cl.** : 126 rl. 75

Barcelone. — 711 k. — **2e cl.** : 269 rl. 54 — **3e cl.** : 181 rl. 80
Burgos. — 363 kil. — **2e cl.** : 136 rl. 25 — **3e cl.** : 81 rl. 75
Cadix. — 726 kil. — **2e cl.** : 280 rl. 70 — **3e cl.** : 170 rl. 40
Carthagène. — 525 k. — **2e cl.** : 203 rl. 44 — **3e cl.** : 124 rl. 69
Ciudad-Real. — 170 kil. — **2e cl.** : 63 rl. 75 — **3e cl.** : 42 rl. 50
Cordoue. — 442 kil. — **2e cl.** : 171 rl. 30 — **3e cl.** : 105 rl.
L'Escurial. — 51 kil. — **2e cl.** : 19 rl. 25 — **3e cl.** : 11 rl. 50
Grenade. — 689 kil. — **2e cl.** : 283 rl. 95 — **3e cl.** : 182 rl. 12
Lisbonne. — 662 kil. — **2e cl.** : 62 fr. 77 — **3e cl.** : 44 fr. 25
Médine. — 200 kil. — **2e cl.** : 75 rl. — **3e cl.** : 45 rl.
Medina-Celi. — 160 k. — **2e cl.** : 64 rl. 33 — **3e cl.** : 39 rl. 42
Miranda. — 453 kil. — **2e cl.** : 170 rl. — **3e cl.** : 102 rl.
Palencia. — 290 kil. — **2e cl.** : 109 rl. — **3e cl.** : 65 rl. 50
Pampelune. — 493 k. — **2e cl.** : 191 rl. 42 — **3e cl.** : 117 rl. 09
Saint-Sébastien. — 614 kil. — **2e cl.** : 230 rl. 25 — **3e cl.** : 138 rl. 25.
Saragosse. — 341 kil. — **2e cl.** : 132 rl. 14 — **3e cl.** : 81 rl.
Séville. — 573 kil. — **2e cl.** : 220 rl. 50 — **3e cl.** : 134 rl. 40
Tolède. — **2e cl.** : 27 rl. 50 — **3e cl.** : 18 rl.
Valence. — 490 kil. — **2e cl.** : 159 rl. 87 — **3e cl.** : 114 rl. 95
Valladolid. — 242 kil. — **2e cl.** : 90 rl. 75 — **3e cl.** : 54 rl. 50

Malaga

Grenade. — 192 kil. — **2e cl.** : 90 rl. — **3e cl.** : 63 rl. 50.

Médine

Zamora. — 90 kil. — **2e cl.** : 32 rl. 50 — **3e cl.** : 21 rl. 75

Séville

Cadix. — 153 kil. — **2e cl.** : 58 rl. — **3e cl.** : 35 rl.
Xérès. — 104 kil. — **2e cl.** : 39 rl. — **3e cl.** : 23 rl. 40.

Miranda

Bilbao. — 104 kil. — **2e cl.** : 39 rl. — **3e cl.** : 23 rl. 50.
Burgos. — 90 kil. — **2e cl.** : 33 rl. 75 — **3e cl.** : 20 rl. 25.
Pampelune. — 128 kil. — **2e cl.** : 48 rl. — **3e cl.** : 28 rl. 30.
Saragosse. — 239 k. — **2e cl.** : 89 rl. 90 — **3e cl.** : 53 rl. 95
Valladolid. — 210 k. — **2e cl.** : 78 rl. 75 — **3e cl.** : 47 rl. 25

Palencia

Branuelas. — 202 k. — **2e cl.** : 75 rl. 80 — **3e cl.** : 45 rl. 60
Corunna. — 549 kil. — **2e cl.** : 151 rl. — **3e cl.** : 90 rl. 50
Gijon. — 278 kil. — **2e cl.** : 122 rl. 30 — **3e cl.** : 77 rl. 30
Léon. — 123 kil. — **2e cl.** : 46 rl. 20 — **3e cl.** : 27 rl. 80.
Santander. — 219 k. — **2e cl.** : 87 rl. 50 — **3e cl.** : 49 rl. 50

Saint-Sébastien

Bayonne. — 55 kil. — **2e cl.** : 5 fr. 15 — **3e cl.** : 3 fr. 60.
Biarritz. — 45 kil. — **2e cl.** : 4 fr. 30 — **3e cl.** : 2 fr. 95.
Bordeaux. — 253 kil. — **2e cl.** : 23 fr. 45 — **3e cl.** : 17 fr.
Médine. — 415 k. — **2e cl.** : 155 rl. 50 — **3e cl.** : 93 rl. 25
Miranda. — 162 kil. — **2e cl.** : 60 rl. 75 — **3e cl.** : 36 rl. 50
Palencia. — 346 kil. — **2e cl.** : 129 rl. 75 — **3e cl.** : 77 rl. 75
Pampelune. — 137 k. — **2e cl.** : 51 rl. 37 — **3e cl.** : 30 rl. 85
Pau. — 161 kil. — **2e cl.** : 14 fr. 25 — **3e cl.** : 10 fr. 80.
Saragosse. — 319 kil. — **2e cl.** : 119 rl. 50 — **3e cl.** : 72 rl.

SUISSE

—

Bâle.

Albbruck. — 48 kil. — **2e cl.** : 3 f. 20 — **3e cl.** : 2 f. 05.
Baden. — 66 kil. — **2e cl.** : 4 f. 85 — **3e cl.** : 3 f. 50.
Baden-Baden. — 169 k. — **2e cl.** : 11 f. 50 — **3e cl.** : 7 f. 30
Belfort. — 82 kil. — **2e cl.** : 4 m. 70 — **3e cl.** : 3 m. 20.
Berne. — 107 kil. — **2e cl.** : 7 f. 50 — **3e cl.** : 5 f. 35.
Carlsruhe. — 198 kil. — **2e cl.** : 13 f. 15 — **3e cl.** : 8 f. 45.
Coire. — 207 kil. — **2e cl.** : 15 f. 20 — **3e cl.** : 10 f. 90.
Constance. — 145 kil. — **2e cl.** : 9 f. 65 — **3e cl.** : 6 f. 20
Francfort-sur-le-Main. — 340 kil. — **2e cl.** : 17 m. 45 — **3e cl.** : 11 m. 25.
Fribourg. — 62 kil. — **2e cl.** : 4 f. 15 — **3e cl.** : 2 f. 70.

Lausanne. — 205 kil. — **2e cl.** : 15 f. 35 — **3e cl.** : 11 f. 15
Lucerne. — 95 kil. — **2e cl.** : 6 f. 65 — **3e cl.** : 4 f. 75.
Luxembourg. — 369 kil. — **2e cl.** : 19 m. 60 — **3e cl.** : 12 m. 60.
Metz. — 302 kil. — **2e cl.** : 16 m. 10 — **3e cl.** : 10 m. 30.
Mulhouse. — 33 kil. — **2e cl.** : 1 m. 80 — **3e cl.** : 1 m. 20
Munich. — 438 kil. — **2e cl.** : 22 m. 10 — **3e cl.** : 14 m. 80
Neufchâtel. — 132 kil. — **2e cl** : 9 f. 50 — **3e cl.** : 6 f. 85
Neuhausen. — 92 kil. — **2e cl.** : 6 f. 15 — **3e cl.** : 3 f. 95.
Offenbourg. — 125 kil. — **2e cl.** : 8 f. 30 — **3e cl.** : 5 f. 30
Olten. — 40 kil. — **2e cl.** : 2 f. 80 — **3e cl.** : 2 f.
Schaffhouse. — 95 kil. — **2e cl.** : 6 f. 30 — **3e cl.** : 4 f. 50
Soleure. — 75 kil. — **2e cl.** : 5 f. 25. — **3e cl.** : 3 f. 75.
Strasbourg. — 143 kil. — **2e cl.** : 7 m. 60. — **3e cl.** : 4 m. 90.
Stuttgart. — 291 kil. — **2e cl.** : 15 m. 30. — **3e cl.** : 9 m. 80.
Troyes. — 358 kil. — **2e cl.** : 25 m. 95. — **3e cl.** : 18 m. 75.
Ulm. — 264 kil. — **2e cl.** : 14 f. 05.
Wildbad. — 252 kil. — **2e cl.** : 16 f. 80. — **3e cl.** : 10 f. 80.
Zurich. — 89 kil. — **2e cl.** : 6 f. 55. — **3e cl.** : 4 f. 70.

Berne.

Belfort. — 148 kil. — **2e cl.** : 12 f. 40. — **3e cl.** : 8 f. 90.
Brieg. — 244 kil. — **2e cl.** : 21 f. 05. — **3e cl.** : 15 f. 55.
Bulle. — 77 kil. — **2e cl.** : 6 f. 35. — **3e cl.** : 4 f. 07.
Chaux-de-Fonds. — 80 kil. — **2e cl.** : 7 f. 20. — **3e cl.** : 5 f. 15.
Fribourg. — 32 kil. — **2e cl.** : 2 f. 70. — **3e cl.** : 2 f.
Genève. — 159 kil. — **2e cl.** : 12 f. 35. — **3e cl.** : 9 f.
Interlaken. — 57 kil. — **2e cl.** : 5 f. 20. — **3e cl.** : 3 f. 05.
Langnau. — 38 kil. — **2e cl.** : 3 f. 10. — **3e cl.** : 2 f. 20.
Lausanne. — 98 kil. — **2e cl.** : 7 f. 85. — **3e cl.** : 5 f. 80.
Lucerne. — 95 kil. — **2e cl.** : 7 f. 50. — **3e cl.** : 5 f. 30.
Martigny. — 165 kil. — **2e cl.** : 13 f. 15. — **3e cl.** : 9 f. 65.
Morat. — 49 kil. — **2e cl.** : 3 f. 85. — **3e cl.** : 2 f. 80.
Neufchâtel. — 65 kil. — **2e cl.** : 5 f. 20. — **3e cl.** : 3 f. 80.
Olten. — 67 kil. — **2e cl.** : 4 f. 70. — **3e cl.** : 3 f. 35.
Soleure. — 44 kil. — **2e cl.** : 3 f. 70. — **3e cl.** : 2 f. 65.
Thun. — 31 kil. — **2e cl.** : 2 f. 20. — **3e cl.** : 1 f. 55.
Vevey. — 117 kil. — **2e cl.** : 9 f. 25. — **3e cl.** : 6 f. 80.
Zurich. — 131 kil. — **2e cl.** : 9 f. 35. — **3e cl.** : 6 f. 65.

Genève.

Aix-les-Bains. — 89 kil. — **2e cl.** : 8 f. 25. — **3e cl.** : 6 f. 05.
Annecy. — 129 kil. — **2e cl.** : 11 f. 90. — **3e cl.** : 8 f. 70.
Bâle. — 265 kil. — **2e cl.** : 19 f. 80. — **3e cl.** : 14 f 50.
Brieg. — 207 kil. — **2e cl.** : 17 f. 70. — **3e cl.** : 12 f. 95.
Chambéry. — 103 kil. — **2e cl.** : 9 f. 55. — **3e cl.** : 7 f.
Dijon. — 339 kil. — **2e cl.** : 28 f. 55. — **3e cl.** : 21 f.
Evian-les-Bains. — 111 kil. — **2e cl.** : 10 f. 30. — **3e cl.** : 7 f. 50.
Grenoble. — 166 kil. — **2e cl.** : 15 f. 35. — **3e cl.** : 11 f. 25.
Interlaken. — 216 kil. — **2e cl.** : 17 f. 55.
Lausanne. — 61 kil. — **2e cl.** : 4 f. 50. — **3e cl.** : 3 f. 20.
Lucerne. — 254 kil. — **2e cl.** : 19 f. 82. — **3e cl.** : 14 f. 30.
Màcon. — 184 kil. — **2e cl.** : 17 f. — **3e cl.** : 12 f. 50.
Marseille. — 519 kil. — **2e cl.** : 47 f. 95. — **3e cl.** : 35 f. 10.
Martigny. — 128 kil. — **2e cl.** : 9 f. 80. — **3e cl.** : 7 f. 05.
Neufchâtel. — 136 kil. — **2e cl.** : 10 f. 30. — **3e cl.** : 7 f. 40.
Vevey. — 80 kil. — **2e cl.** : 5 f. 90. — **3e cl.** : 4 f. 20.

Lausanne.

Aigle. — 40 kil. — **2e cl.** : 2 f. 95. — **3e cl.** : 2 f. 10.
Bex. — 48 kil. — **2e cl.** : 3 f. 50. — **3e cl.** : 2 f. 50.
Brieg. — 146 kil. — **2e cl.** : 13 f. 20. — **3e cl.** : 9 f. 75.
Bulle. — 60 kil. — **2e cl.** : 4 f. 80. — **3e cl.** : 3 f. 55.
Dijon. — 213 kil. — **2e cl.** : 18 f. 80. — **3e cl.** : 13 f. 75.
Dôle. — 166 kil. — **2e cl.** : 14 f. 45. — **3e cl.** : 10 f. 50.
Fribourg. — 67 kil. — **2e cl.** : 5 f. 35. — **3e cl.** : 3 f. 95.
Interlaken. — 155 kil. — **2e cl.** : 13 f. 05. — **2e cl.** : 8 f. 85.
Leuk. — 118 kil. — **2e cl.** : 10 f. 40. — **3e cl.** : 7 f. 65.
Lucerne. — 193 kil. — **2e cl.** : 15 f. 35. — **3e cl.** : 11 f. 10.
Martigny. — 67 kil. — **2e cl.** : 5 f. 30. — **3e cl.** : 3 f. 85.
Montreux. — 25 kil. — **2e cl.** : 1 f. 85. — **3e cl.** : 1 f. 30.
Neufchâtel. — 75 kil. — **2e cl.** : 5 f. 80. — **3e cl.** : 4 f. 20.
Soleure. — 128 kil. — **2e cl.** : 9 f. 85. — **3e cl.** : 7 f. 15.
Vevey. — 19 kil. — **2e cl.** : 1 f. 40. — **3e cl.** : 1 f.
Veytaux-Chillon. — 28 k. — **2e cl.** : 2 f. 05. — **3e cl.** : 1 f. 45.
Visp. — 132 kil. — **2e cl.** : 12 f. 40. — **3e cl.** : 9 f. 15.

Lucerne.

Bellinzona. — 176 kil.
Chiasso. — 232 kil.
Lugano. — 206 kil.
Milan.
Olten. — 55 kil. — **2e cl.** : 3 f. 85. — **3e cl.** : 2 f. 75.
Thun. — 110 kil. — **2e cl.** : 8 f. 80. — **3e cl.** : 6 f. 25.
Zug. — 28 kil. — **2e cl.** : 2 f. 05. — **3e cl.** : 1 f. 45.

Bellinzona.

Locarno. — 22 kil. — **2e cl.** : 1 f. 55. — **3e cl.** : 1 f. 10.

Zurich.

Albbruck. — 53 kil. — **2e cl.** : 4 f. — **3e cl.** 2 f. 85.
Baden. — 23 kil. — **2e cl.** : 1 f. 70. — **3e cl.** : 1 f. 20.
Constance. — 90 kil. — **2e cl.** : 6 f. 75. — **3e cl.** : 4 f. 75.
Dachsen. — 53 kil. — **2e cl.** : 3 f. 90. — **3e cl.** : 2 f. 75.
Einsiedeln. — 42 kil. — **2e cl.** : 3 f. 85. — **3e cl.** : 2 f. 80.
Glaris. — 69 kil. — **2e cl.** : 5 f. 05. — **3e cl.** : 3 f. 60.
Lucerne. — 64 kil. — **2e cl.** : 4 f. 70. — **3e cl.** : 3 f. 25.
Olten. — 64 kil. — **2e cl.** : 4 f. 65. — **3e cl.** : 3 f. 30.
Ragatz. — 109 kil. — **2e cl.** : 7 f. 25 — **3e cl.** : 5 f. 20.
Romanshorn. — 82 kil. — **2e cl.** : 6 f. 20. — **3e cl.** : 4 f. 40.
Rorschach. — 102 kil. — **2e cl.** : 7 f. 45. — **3e cl** : 5 f. 30.
Schaffhouse. — 57 kil. — **2e** : 4 f. 20. — **3e cl.** : 3 f.
Saint-Gall. — 85 kil. — **2e cl.** : 6 f. 20. — **3e cl.** : 4 f. 40.
Stuttgart. — 291 kil. — **2e cl.** : 15 f. 90. — **3e cl.** : 10 f. 40.
Ziegelbrucke.
Zug. — 39 kil. — **2e cl.** : 2 f. 85. — **3e cl.** : 2 f. 05.

Ragatz.

Coire. — 19 kil. — **2e cl.** : 1 f. 40. — **3e cl.** : 1 f.
Rorschach. — 72 kil. — **2e cl.** : 5 f. 25. — **3e cl.** : 3 f. 75.

DEUXIÈME PARTIE

Services de Navigation

FRAISSINET et Cie

Nouvelle Compagnie marseillaise de navigation à vapeur, place de la Bourse, 6, Marseille.

SERVICES DE LA MÉDITERRANÉE.

Ligne de Marseille à Alger.

Départs : De Marseille, le samedi à 5 heures soir.
» D'Alger, le mardi à 6 heures soir.

Ligne de Constantinople à Odessa.

Par Syra et Smyrne ; retour par le Pirée et Naples.

Départs : De Marseille, le samedi à 5 heures soir pour Syra (1), Smyrne (2), Dardanelles (3), Constantinople (4), Odessa.
» D'Odessa, le samedi à 9 heures matin pour Constantinople (5), Dardanelles, Smyrne, Syra, Marseille.

Lignes de Marseille à Alexandrie. (momentanément suspendue).

Départs : De Marseille, le jeudi à midi, pour Naples et Alexandrie.
» D'Alexandrie, le mardi à 9 heures matin pour Naples et Marseille.

Lignes circulaires d'Egypte et de Syrie.

(Voyage A, chaque deux semaines.)

Départs : De Marseille, le vendredi à midi, pour Palerme, Messine, Syra (6), Smyrne (7), Rhodes, Mersina, Alexandrette, Lattaquié, Tripoli, Beyrouth, Jaffa, Port-Saïd, Alexandrie, Naples, Marseille.

(Voyage B, chaque deux semaines.)

Départs : De Marseille, le jeudi à midi, pour Naples, Alexandrie, Port-Saïd, Jaffa, Beyrouth, Tripoli, Lattaquié, Alexandrette, Mersina, Rhodes, Smyrne, Syra, Messine, Palerme, Marseille.

Ligne de Thessalie (chaque deux semaines).

Départs : De Constantinople, le vendredi à 3 heures du soir, pour les Dardanelles, Dedeagh, Port-Lagos, Cavalle, Salonique.

» De Salonique, le jeudi à 10 heures du matin, pour Cavalle, Port-Lagos, Dedeagh, les Dardanelles, Constantinople.

SERVICE DE LA MER NOIRE.

Ligne du Danube.

Départs : De Constantinople (8), le lundi à midi, pour Kustendje, Sulina, Tulscha, Galatz, Isbraïla.

» D'Isbraïla, le samedi, 8 heures du matin, pour Galatz, Tulscha, Sulina, Kustendje, Constantinople (9).

Ligne de Trébizonde.

Départs : De Constantinople, le jeudi, à 6 heures du matin, pour Ineboli, Samsoun, Kerassunde, Trébizonde.

» De Trébizonde, le lundi, à 6 heures du soir, pour Kerassunde, Samsoun, Ineboli, Constantinople.

Notes relatives aux itinéraires de la Méditerranée et de la mer Noire.

(1) Correspondance avec le bateau autrichien partant de Syra pour le Pirée le mercredi à dix heures soir, ou, à défaut, avec le bateau grec, partant le samedi à six heures soir.

(2) Coïncidence avec le bateau de la ligne circulaire B arrivant de la Syrie à Smyrne le mercredi.

(3) Coïncidence avec le bateau de la ligne de Thessalie allant de Constantinople à Salonique.

(4) Correspondance avec les lignes de la mer Noire et du Danube à l'aller.

(5) Correspondance avec les lignes de la mer Noire et du Danube au retour.

(6) Coïncidence avec le bateau venant de Constantinople et allant à Marseille.

(7) Coïncidence avec le paquebot venant de Marseille et allant à Constantinople. Le bateau de la ligne circulaire B pourra partir de Smyrne pour Syra aussitôt qu'auront été effectuées les opérations de la coïncidence, c'est-à-dire le jeudi, si le paquebot venant de Marseille et allant à Constantinople arrive à Smyrne le jeudi au lieu du vendredi.

(8) Coïncidence avec le paquebot venant de Marseille.

(9) Coïncidence avec le paquebot allant à Marseille.

COMPAGNIE FRAISSINET DE MARSEILLE

TARIF RÉDUIT

en faveur de la

SOCIÉTÉ L'UNION DES TOURISTES FRANÇAIS

Prix de passage de Marseille aux destinations suivantes :

DESTINATIONS	PRIX POUR ALLER			PRIX POUR ALLER ET RETOUR		
	1re Classe	2e Classe	Pont	1re Classe	2e Classe	Pont
Agde	9 »	6 50	4 50	16 »	11 50	7 50
Alexandrie	198 »	140 50	42 »	361 50	257 »	72 »
Barcelone	38 »	27 »	8 50	68 »	48 50	14 50
Bastia (direct)	25 50	17 50	8 50	46 50	32 »	14 50
— (voie de Nice)	33 50	23 50	10 50	62 50	44 »	18 »
Braïla	314 »	220 50	59 50	577 »	407 50	102 »
Cannes	11 50	8 »	6 »	20 »	14 »	10 »
Cette	8 »	6 50	3 50	14 »	11 50	6 »
Civita-Vecchia	64 »	48 »	10 50	117 »	88 »	18 »
Constantinople	246 »	167 50	49 »	433 50	313 »	84 »
Dardanelles	243 50	165 50	49 »	448 50	318 »	84 »
Didéagach	241 »	163 50	49 »	442 »	302 50	84 »
Galatz	314 50	218 50	59 50	570 »	402 »	102 »
Gallipoli	256 »	175 50	66 50	482 50	334 »	114 »
Gênes (direct)	24 »	16 50	6 »	44 »	30 50	10 »
— (voie de Nice)	33 50	25 50	7 »	62 50	47 50	12 »
Ile-Rousse	25 50	17 50	8 50	46 50	32 »	14 50
Kustendje	296 »	204 »	59 50	538 50	374 »	102 »
Livourne	37 »	25 50	8 50	68 50	47 50	14 50
— (voie de Nice)	44 »	32 50	10 50	80 50	59 50	18 »
Métélin	215 50	140 50	49 »	391 50	257 »	84 »
Naples	73 50	57 »	11 50	135 50	103 »	19 50
Nice	11 50	8 »	6 »	20 »	14 »	10 »
Le Pirée	172 »	112 »	49 »	312 »	204 50	84 »
Rodosto	253 50	173 50	66 50	476 »	328 50	114 »
Salonique	238 50	161 50	49 »	435 »	297 50	84 »
Smyrne	195 50	138 50	49 »	384 50	252 »	84 »
Soulina	299 50	207 50	59 50	544 50	380 »	102 »
Syra	175 50	110 »	49 »	318 »	216 50	84 »
Toultcha	303 50	213 »	59 50	557 50	391 »	102 »
Volo	198 »	140 50	49 »	361 50	257 »	84 »

FRAISSINET et Cie.

Nouvelle Compagnie marseillaise de navigation à vapeur, place de la Bourse, 6, Marseille.

Tarif des prix de passage(*).

De Marseille aux destinations suivantes :

Destinations	1re classe	2e classe	Pont
Agde	12	8	6
Alexandrie	250	175	60
Bastia (*direct*).	32	21	12
Bastia (*voie de Nice*). . .	40	27	15
Barcelone	50	35	12
Braila	390	270	85
Cannes.	15	10	8
Cette *.	10	8	5
Civita-Vecchia.	80	60	15
Constantinople	300	200	70
Dardanelles.	300	200	70
Dedeagach	300	200	70
Galatz	390	270	85
Gallipoldi.	300	200	95
Gênes	30	20	8
Gênes (*voie de Nice*). . .	40	30	10
Kustendje	375	255	85
Livourne	45	30	12
Livourne (*voie de Nice*) .	55	40	15
Malte	200	150	60
Mételin.	275	175	70
Naples.	90	70	16
Nice (*)	15	10	8
Le Pirée	220	140	70
Rodosto	300	200	95
Salonique.	300	200	70
Smyrne	250	175	70
Soulina	380	260	85
Syra.	225	150	60
Toultcha	385	265	85
Volo.	250	175	70

(*) C'est le tarif ordinaire de la Cie Fraissinet. Le tableau précédent est établi spécialement pour les membres de l'*Union des Touristes Français* voyageant par groupe de cinq.

De Nice à

Gênes	16	11	8
Ile-Rousse	24	15	12
Bastia	24	15	12
Livourne.	45	30	12
Marseille.	16	10	7.50
Cette	26	19	13
Agde	28	19	14

Nota. — La nourriture n'est comprise ni dans le prix des places dont les destinations sont marquées d'un astérique, ni dans celui des places de pont.

Renseignements pour les passagers.

Le prix de la nourriture des passagers de 1re classe et de 2e classe, sauf pour les destinations marquées d'un astérique, est compris dans le montant du prix du passage.

Les passagers *de pont* traitent de gré à gré pour leur nourriture avec le maître d'hôtel du bord. Ils n'ont pas de couchettes.

Le prix de la nourriture est fixé, par jour, à 8 fr. pour les premières et 6 fr. pour les secondes.

Billets à prix réduits. — La Compagnie et des agents délivrent des billets « aller et retour » avec une réduction de 20 pour cent.

La même réduction est accordée, sauf pour les lignes de la Corse, aux familles comptant au moins trois personnes (chacune payant plein tarif) prenant leur passage pour l'aller seulement, pourvu qu'elles soient inscrites sur le même billet, pour la même classe et la même destination.

Cette bonification est portée à 30 pour cent si ces familles paient d'avance leur passage pour l'*aller* et le *retour*.

Les billets *aller* et *retour* sont valables pour quatre mois.

Nota. — Ces réductions ne portent que sur le prix du passage, déduction faite de celui de la nourriture.

Bagages. — Chaque passager jouit, pour ses bagages, d'une franchise de poids de 100 kil. pour la 1re classe, de 60 kil. pour la 2e, et de 30 kil. pour la 3e.

CHARGEURS RÉUNIS

Compagnie française de navigation à vapeur.
Siége social : Paris, 30, rue Le Peletier.

Ligne de Parana.

Départ du Havre,	Touchant à Bordeaux,
8 juin	13 juin
Ville-de-Rosario.	Ville-de-Rosario.

Rosario et les ports du Parana avec escales à Montevideo et Buenos-Ayres,

N.-B. — Les steamers de la ligne du Parana ne prennent pas de passagers de chambre.

Ligne du Brésil.

Départs du Havre.

2 juin.	17 juin.
Ville-de-Santos.	Ville-de-Bahia.

Lisbonne, Pernambuco, Bahia, Rio-de-Janeiro et Santos, prenant fret en transbordement à Rio-de-Janeiro pour Paranagua et Santa-Catharina.

Ligne de la Plata.

Départs du Havre.

15 juin.	20 juin.	30 juin.
Dom Pedro,	Parana,	Lucerne,
Ste-Croix de Téneriffe,	Rio-de-Janeiro,	Montevideo et Buénos-Ayres.

prenant fret en transbordement à Montevideo pour Rio-Grande-do-Sul, Pelotas et Porto Alegre.

Ligne nord du Brésil.

Départ du Havre.
25 juin.
Belgrano.

Para, Maranhao et Ceara, touchant à Saint-Nazaire et à Lisbonne.

Prix des passages

Comprenant la nourriture et le vin de table.

Du Havre à	1res	3mes dites intermédiaires	Emigrants
Lisbonne	150	80	
Ténériffe	300	150	
Pernambuco	500	250	De gré à gré.
Bahia			
Rio-de-Janeiro	600	280	
Santos			
Montevideo	650		
Buenos-Ayres			
Para			
Maragnan	625		
Ceara			

Renseignements pour les passagers.

Il est fait une réduction de 10 % sur les billets de passage de première arrière et avant d'aller et retour. Ces billets sont valables pendant un an.

Il est délivré des billets réduits de 50 % aux familles composées de quatre personnes au moins et payant au minimum le prix plein de quatre places de chambre.

Le paiement intégral du passage est dû avant l'embarquement ; la place n'est considérée comme retenue qu'après le paiement du prix du passage et la délivrance du billet.

Les enfants des passagers, au dessous de trois ans, sont transportés gratuitement ; ceux de trois ans révolus à huit ans paient quart de place ; ceux de huit à douze ans paient demi-place.

A douze ans et au dessus les enfants paient place entière.

COMPAGNIE GÉNÉRALE TRANSATLANTIQUE

Paquebots-poste français.
Administration centrale : à Paris, 5, rue Halévy.

Départs du Havre.	Départs de New-York.
11 avril, 6 h. matin.	29 avril.
18 » 9 h. 30 matin.	6 mai.
25 » 5 h. 15 soir.	13 »
2 mai, 9 h. 15 matin.	20 »
9 » 4 h. soir.	27 »
16 » 8 h. 30 matin.	3 juin.
23 » 1 h. soir.	10 »
30 » 8 h. 15 matin.	17 »
6 juin, 1 h. 45 soir.	24 »
13 » 7 h. 30 matin.	1er juillet.
20 » 2 h. soir.	8 »
27 » 7 h. 30 matin.	15 »

Tarif des passagers.

		1re classe.	2e classe.
Du Havre : cabines	extérieures,	500 fr.	300 fr.
	intérieures,	400 fr.	

De New-York *idem*.

Billets d'aller et retour valables pour un an, avec une réduction de 10 %.

3e classe. — Emigrants : 115 fr. du Havre à New-York.

NOTA. — Les enfants des passagers au dessous de 12 ans paient demi-place. Les nourrissons sont transportés gratuitement, la gratuité ne serait accordée qu'à l'un d'eux ; on paierait pour chacun des autres enfants une demi-place.

Les domestiques paient comme les passagers de 2e classe, et sont logés et nourris suivant le règlement.

Les prix comprennent le service, la literie, la nourriture, le vin de table et les soins médicaux.

On peut se procurer à bord, à des prix modérés, des vins fins et liqueurs.

Le paiement intégral du passage est dû à l'avance.

Le voyageur non présent au départ perd la moitié du prix de passage. Une cabine à deux couchettes, retenue pour l'usage exclusif d'un seul passager, sera payée à raison d'un passage et demi de première classe.

Il est accordé à tous les passagers adultes indistinctement une franchise de bagages de 15 kil. ou 20 pieds cubes. Les suppléments sont taxés à raison de 2 fr. par 10 kil. La Compagnie ne répond pas des pertes ou dommages pouvant être causés par tous accidents ou fortune de mer.

Le prix du passage des chiens est de 50 francs l'un.

SOCIÉTÉ GÉNÉRALE DE TRANSPORTS MARITIMES A VAPEUR

Siége social, à Paris, 24, rue de la Chaussée-d'Antin.

Ligne Transatlantique

Itinéraire et prix de passage

		GÊNES			MARSEILLE			BARCELONE			GIBRALTAR		
		1re	2e	3e	1re	2e	3e	1re	2e	3e	1re	2e	3e
Naples....	le 8 de chaque mois	75	45	20	120	80	30	160	120	50	280	180	80
Gênes.....	le 12 —				50	35	15	160	70	35	200	140	70
Marseille..	le 14 —							60	40	20	160	100	67
Barcelone.	le 15 —										140	80	50
Gibraltar..	le 17 —												
St-Vincent	le —												
Rio-Janeiro	le —												
Montevideo	le —												

St-VINCENT			RIO-JANEIRO			MONTEVIDEO			BUENOS-AYRES		
1re	2e	3e	1re	2e	3e	1re	2e	3e	1re	2e	3e
620	480	200	900	700	200	900	700	200	900	700	200
500	400	200	800	600	200	800	600	200	800	600	200
500	400	200	800	600	200	800	600	200	800	600	200
500	400	200	800	600	250	800	600	250	800	600	250
400	300	150	500	400	200	550	450	200	550	450	200

Itinéraire et prix de passage

	MONTEVIDEO			RIO-JANEIRO			St-VINCENT			BARCELONE		
	1re	2^e	3^e	1re	2^e	3^e	1re	2^e	3^e	1re	2^e	3^e
Buenos-Ayres.. le 18 de chaque mois	40	30	20	200	150	80	700	550	300	750	600	250
Montevideo le 19 —				200	150	80	700	550	300	750	600	250
Rio-Janeiro le 24 —							600	550	250	850	650	250
St-Vincent. le —										500	400	200

	MARSEILLE			GÊNES			NAPLES		
	1re	2^e	3^e	1re	2^e	3^e	1re	2^e	3^e
Buenos-Ayres.. le 18 de chaque mois	750	600	250	750	700	250	750	600	250
Montevideo le 19 —	750	600	230	750	600	250	750	600	250
Rio-Janeiro le 24 —	850	650	250	850	650	250	850	650	250
St-Vincent. le —	500	490	200	500	490	200	620	480	200

COMPAGNIE DES MESSAGERIES MARITIMES

Administration centrale : Paris, 1, rue Vignon (boulevard de la Madeleine).

Lignes de l'océan Indien.

Itinéraires. — 1° Un départ de Marseille, tous les deux dimanches, à 10 h. du matin, à partir des 4 et 18 janvier 1885, etc. Pour Naples, Port-Saïd, Suez, Aden, Colombo, Singapore, Batavia, Saïgon, Hong-Kong, Shang-Haï et Yoko-Hama.

2° Un départ toutes les quatre semaines de Marseille, le dimanche, à 10 h. du matin, à dater du 18 janvier 1885, etc. Pour Naples, Port-Saïd, Suez, Aden, Colombo, Pondichéry, Madras et Calcutta.

Renseignements pour les passagers.

A Colombo, un paquebot stationnaire attend les passagers

à destination de l'Inde. Ce paquebot quitte Colombo après les opérations de transbordement avec le paquebot venant de Marseille ; il fait escale à Pondichéry et à Madras, et arrive à Calcutta, son port de stationnement. Le voyage de Marseille à Calcutta se fait normalement en 29 jours.

Le paquebot venu de Marseille continue son voyage vers Singapore, où il arrive normalement le 28e jour après son départ de Marseille ; de là vers Saïgon, où il arrive le 31e jour ; de là vers Hong-Kong où il arrive le 35e jour, puis vers Shang-Haï, où il arrive le 35e jour après le départ de Marseille.

Les passagers à destination de Yoko-Hama s'embarquent, à Hong-Kong, sur un paquebot stationnaire spécialement affecté au service de la ligne du Japon entre Hong-Kong et Yoko-Hama. Ce paquebot met normalement sept jours pour se rendre à Yoko-Hama, où il arrive le 45e jour après le départ de Marseille.

Le paquebot allant directement de Hong-Kong à Yoko-Hama, ne quitte Hong-Kong qu'après l'arrivée du bateau venant de Marseille.

Les passagers à destination de Batavia se sont précédemment embarqués à Singapore sur un paquebot spécial, qui prend la mer quelques heures après l'arrivée du bateau venant de Marseille. Le voyage de Marseille à Batavia est normalement accompli en 32 jours.

Les jours et heures de départ de Marseille, Yoko-Hama, Shang-Haï, de Hong-Kong, de Batavia et de Calcutta, sont seuls des dates fixes, sous réserve des modifications commandées par les changements de mousson. Les jours de départ et d'arrivée dans les autres ports sont subordonnés aux circonstances de la navigation.

Les paquebots de Calcutta et de Batavia ne peuvent quitter Colombo et Singapore avant l'arrivée du bateau venant de Marseille.

Dans les ports à marée, l'heure du départ est subordonnée aux mouvements de la marée.

Pendant la mousson de sud-ouest, c'est-à-dire d'avril à septembre, les départs de Yoko-Hama sont devancés de six jours, ceux de Shang-Haï et Hong-Kong de cinq jours, ceux de Batavia et de Calcutta de quatre jours.

Pendant la mousson de nord-est, c'est-à-dire de novembre à mars, il est tenu compte d'un délai supplémentaire de deux jours pour la traversée de Marseille au Japon.

Prix de passage.

De Marseille à				Pont.	
	1re cl.	2e cl.	3e cl.	avec nourrit.	sans nourrit.
Naples	125	100	50	35	25
Port-Saïd . . .	500	400	200	125	100
Suez	600	480	240	150	120
Aden	875	700	350	220	175
Galles-Colombo.	1.500	1.200	600	375	300
Pondichéry . .	1.500	1.200	600	375	315
Madras	1.575	1.260	630	395	315
Calcutta. . . .	1.575	1.260	630	395	315
Singapore . . .	1.575	1.260	630	395	340
Batavia	1.700	1.360	680	425	350
Saïgon	1.750	1.400	700	440	365
Hong-Kong . .	1.825	1.460	730	455	415
Shang-Haï. . .	2.075	1.660	830	520	445
Yoko-Hama . .	2.075	1.660	830	520	

Conditions complémentaires du tarif des prix de passage.

I. — *1re Classe.*

Pour toutes les traversées de France, d'Egypte ou d'Aden aux ports de l'Inde, de la Chine ou du Japon, et réciproquement, le prix du passage de 1re classe donne droit à une place dans une cabine du salon de l'arrière ou de la batterie.

Les voyageurs qui demanderaient l'usage exclusif d'une cabine auraient à payer le prix d'une 1re classe augmenté de 50 %.

II. — *Enfants.*

Les enfants au dessous de trois ans sont transportés gratuitement ; de trois à six ans, ils paient demi-place ; au dessus de dix ans, place entière.

Les enfants transportés gratuitement n'ont pas de couchettes désignées ; ils doivent coucher avec leurs parents.

La Compagnie n'assume aucune responsabilité pour le cas où la coïncidence viendrait à manquer entre les paquebots des diverses lignes, soit par accident de force majeure, soit pour toute autre cause indépendante de sa volonté ; dans ce cas elle s'engage seulement à faire transporter les passagers à leur destination par son plus prochain paquebot ; les passagers conservent à leur charge les frais de séjour au port de transbordement et toutes les autres conséquences du manque de coïncidence.

Dans le cas où un paquebot de la Compagnie serait mis en quarantaine, les passagers auraient à payer pour leur nourriture à bord, pendant la durée de la quarantaine : 15 fr. par jour pour les passagers de 1re classe, 12 fr. pour ceux de 2e classe, 6 fr. pour ceux de 3e classe, et 3 fr. pour ceux du pont.

Les prix du tarif comprennent la nourriture et le vin de table. Le matériel de couchage est à la charge de la Compagnie.

Dans le cas où, après avoir payé le prix de son passage, un voyageur ne partirait pas, il lui sera remboursé seulement la moitié de la somme payée, l'autre moitié demeurant acquise à la Compagnie.

Les passagers ont à se conformer aux règlements de chaque pays en ce qui concerne les passeports ; dans les cas où ils sont exigés, les passagers doivent les présenter quatre heures au moins avant le départ dans les bureaux de la Compagnie, au port d'embarquement.

Les passeports déposés doivent être revêtus des visas nécessaires.

Les passagers pour les grands parcours sont toujours admis à bord de préférence aux passagers à destination des ports intermédiaires.

Lignes d'Australie et de la Nouvelle-Calédonie.

Itinéraires. — Un départ de Marseille, tous les 28 jours, le mercredi à midi, à partir des 14 janvier, 11 février, 11 mars 1885, etc. Pour Port-Saïd, Suez, Aden, Mahé, La Réunion, Maurice, Adélaïde, Melbourne, Sydney, Nouméa.

Les jours et heures de départ de Marseille à aller de Nouméa (service local) et de Melbourne, sont seuls à dates fixes. Cependant le grand paquebot ne devra quitter Sydney qu'après l'arrivée du bateau annexe venant de Nouméa. Les jours de départ et d'arrivée dans les autres ports sont subordonnés aux circonstances de la navigation.

Prix de passage.

De Marseille à	1re cl.	2e cl.	3e cl.	Pont.
Port-Saïd . . .	500	400	200	125
Suez	600	480	240	150
Aden	875	700	350	220
Mahé	1.500	1.200	525	375
La Réunion . .	1.500	1.200	525	375
Maurice. . . .	1.500	1.200	525	375
Adélaïde . . .	1.625	1.300	570	405
Melbourne. . .	1.625	1.300	570	405
Sydney	1.625	1.300	570	405
Nouméa. . . .	1.875	1.500	655	470

Pour les renseignements à consulter par les passagers, ce sont les mêmes que plus haut à lignes de l'Océan indien.

PENINSULAR AND ORIENTAL STEAM NAVIGATION COMPANY

Itinéraires. — Egypte, Arabie, Ceylan, Indes orientales, détroit de Malacca, Chine, Japon, Australie.

Aller

PARCOURS DES PAQUEBOTS	DÉPARTS	STATIONS	ARRIVÉES
Gravesend à Port-Saïd.	Service hebdom. Mercr., midi 30. Trajet, 13 jours.	Gibraltar. Malte. Port-Saïd.	Lundi, à 7 h., soir. Vendredi, à 3 h., soir. Mardi, à 6 h., matin.
Venise à Alexandrie.	Service hebdom. Vendr., 6 h. m. Trajet, 6 jours.	Ancône. Brindisi. Alexandrie.	Vendredi. Dim. p. lundi, 4 h., m. Jeudi, à 7 h., matin.
Suez à Bombay.	Service hebdom. Jeudi, minuit. Trajet, 12 jours.	Aden. Bombay.	Mardi. Mardi suivant à midi
Suez à Calcutta.	Serv. bimensuel Jeudi, minuit. Trajet, 12 jours.	Aden. Colombo. Madras. Calcutta.	Mercredi. Jeudi semaine suivante. Lundi. Vendredi.
Bombay à Shang-Haï.	2 dép. par mois. Vendredi, 5 h. Trajet, 25 jours.	Colombo. Penang. Singapore. Hong-Kong. Sang-Haï.	Mardi, départ vendredi. Mercredi. Vendredi. Vendredi suivant. Jeudi.
Colombo à Sydney.	Départ chaque quinzaine. Vendr., 6 h. m. Trajet, 29 jours.	King-Georges-Sound. Adélaïde. Melbourne. Sydney.	Mercr. de la 2e semaine. Lundi. Mercredi, départ jeudi. Samedi.

Retour

PARCOURS DES PAQUEBOTS	DÉPARTS	STATIONS	ARRIVÉES
Port-Saïd à Gravesend.	Service hebdom. Mercr., midi. Trajet, 13 jours.	Malte. Gibraltar. Gravesend.	Dimanche. Jeudi. Mercredi.
Alexandrie à Venise.	Service hebdom. Jeudi matin. Trajet, 6 jours.	Brindisi. Ancône. Venise.	Samedi, à 8 h. matin. Lundi, à 6 h. matin. Mercredi, matinée.
Bombay à Suez.	Service hebdom. Vendr., 6 h., m. Trajet, 12 jours.	Aden. Suez.	Jeudi. Mercredi. à 5 h. matin.
Calcutta à Suez.	Serv. bimensuel Vendredi, midi. Trajet, 23 jours.	Madras. Colombo. Aden. Suez.	Mardi. Vendr., dép. dimanche. Mercr. de la 2e semaine. Jeudi.
Shang-Haï à Bombay.	2 dép. par mois. Samedi, 7 h. m. Trajet, 26 jours.	Hong-Kong. Singapore. Penang. Colombo. Bombay.	Mardi. Jeudi de la 2e semaine. Samedi. Samedi suivant. Jeudi.
Sydney à Colombo.	Départ chaque quinzaine. Mercr., 5 h. m. Trajet, 27 jours.	Melbourne. Adélaïde. King-Georges-Sound. Colombo.	Vendr. dép. mardi, 7 h. matin. Jeudi. Lundi. Dimanche, 2 h. matin.

Prix des passages

De Londres à	1re cl. liv. st.	Cabine réservée pour 2 personnes liv. st.	2e cl. liv. st.
Gibraltar	9	»	5
Malte	15	»	9
Port-Saïd	20	»	12
Suez	22	»	14
Aden	43	125	32
Bombay	68	180	37
Colombo.	68	180	37
Madras	68	180	37
Calcutta	68	180	37

De Londres à	1re cl. liv. st.	Cabine réservée p. 2 personnes liv. st.	2e cl. liv. st.
Penang	68	190	40
Singapore	68	190	40
Hong-Kong	78	200	45
Shang-Haï	88	210	50
Yoko-Hama	88	210	50
King-Georges-Sound . .	70	200	45
Adélaïde	70	200	45
Melbourne	70	200	45
Sydney	70	200	45

De Suez à	2e cl. liv. st.	De Suez à	2e cl. liv. st.
Aden	20	Singapore	32
Bombay	27	Hong-Kong	37
Ceylan	28	Shangh-Haï	42
Madras	28	Yoko-Hama	42
Calcutta	28	King-Georges-Sound .	35
Penang	32	Adélaïde	35

De Suez à	2e cl. liv. st.
Melbourne	35
Sydney	35

Renseignements pour les passagers.

Les passagers de 1re classe ont droit à 336 livres de bagages ; les autres à 168 livres.

Le trajet d'Alexandrie à Suez est de 224 milles et prend 10 heures environ.

Des billets d'aller et retour valables dans les six mois sont accordés avec 20 % de rabais.

L'agence de la Compagnie à Paris, 24, rue Le Peletier, où l'on peut retenir ses places d'avance, délivre des coupons de Londres, Venise et Brindisi à tous les ports de l'Egypte, de l'Inde, la Chine, le Japon, l'Australie.

PACIFIC STEAM NAVIGATION COMPANY

Siége de la Compagnie : Liverpool, 31, James street.

Itinéraire.

Départs de Liverpool.	Départs de Bordeaux (Ponton de la Compagnie Gironde et Garonne).
3 juin.	6 juin.
17 juin.	20 juin.

Destinations.

Santander, la Corogne, Lisbonne, Pernambuco, Bahia, Rio-Janeiro, Montevideo, Buenos-Ayres et le Pacifique. Curril, Vigo, Lisbonne, Rio-Janeiro, Montevideo, Buenos-Ayres et le Pacifique.

Prix de passage.

De Bordeaux à	1re cl.	2e cl.	3e cl.
Santander.	75	50	25
La Corogne	125	75	50
Carril, Vigo	131 25	78 75	50
Lisbonne	131 25	78 75	50
Saint-Vincent . . .	450	300	150
Pernambuco, Bahia.	600 et 750	500	250 et 300
Rio-Janeiro	600 et 750	500	250 et 300

De Bordeaux à	1re cl.	2e cl.	3e cl.
Montevideo.	700 et 875	500	250 et 300
Buenos-Ayres . . .	700 et 875	500	250 et 300
Sandy-Point	1.375	900	450 et 500
Valparaiso, Talcahuano, Arica, Callao, Caldera et Mollendo, ainsi que tous les ports intermédiaires entre Valparaiso et le Callao.	1.875	1.250	500 et 625

DOMINION LINE

Siége social : Liverpool, 24, James street.

Départs de Liverpool	DESTINATIONS	PRIX DE PASSAGE pour Québec	
			liv. st.
4 juin	Québec et Montréal,	Salon occupé par 3 pers.	10/10
	Directement et en correspondance :	— par 2 pers.	12/12
11 juin	Toronto Niagara, Pally, Ottawa,		
	Chicago, New-York, Boston.		
18 juin	Omaha, St-Louis, San-Francisco,		
25 juin	Brandon, Denver.		

GENERAL STEAM NAVIGATION COMPANY

Siége de la Compagnie : 71, Lombard street, Londres.

Itinéraires.

Départ : de Londres, Irongate et Saint-Katharine Wharf. Pour Hambourg, Anvers, Ostende, Boulogne, le Havre, Bordeaux, Oporto, Édimbourg, Paris.

Ligne de Londres à Hambourg.

Départ de Londres, cinq fois par semaine.
Hambourg, » »

Ligne de Londres à Anvers.

Départ de Londres, chaque mardi et samedi à midi.
Anvers, chaque mardi et vendredi à midi.

Ligne de Londres à Ostende.

Départ de Londres, chaque mardi, mercredi et dimanche.
Ostende, chaque mardi, jeudi et vendredi soir.

Ligne de Londres à Boulogne et à Paris.

Départ de Londres, 5 fois par semaine, et *vice versa.*

Ligne de Londres au Havre et à Paris.

Départ de Londres, chaque jeudi.
Havre, chaque dimanche.

Ligne de Londres à Bordeaux.

Départ de : Londres, chaque jeudi.
» Bordeaux, chaque vendredi.

Ligne de Londres à Edimbourg et Leith.

Départ de : Londres, chaque mercredi et samedi.
» Edimbourg.

Ligne de Londres à Oporto (toutes les 3 semaines).

Départ de : Londres, le jeudi.
» Oporto, le mardi.

Ligne de Londres à Gênes, Livourne, Naples, Messine, Palerme.

Départ de Londres tous les 15 jours, le mercredi.

Prix des passages.

De Londres à	BILLETS SIMPLES		ALLER-RETOUR (val. 1 mois)	
	1re chambre	2e chambre	1re chambre	2e chambre
Hambourg	50 »	25 »	76 85	13 75
Anvers	20 4	13 75	31 25	21 25
Ostende	18 75	12 50	28 75	19 35
Boulogne	12 50	8 75	19 35	13 75
Le Havre	16 25	11 25	26 60	17 50
Bordeaux	75 »	50 »	125 »	83 30
Edimbourg	27 50	20 »	42 50	30 60
Oporto	105 »	»	»	»
Gênes	248 75	»	»	»
Livourne	271 25	»	»	»
Naples	296 25	»	»	»
Messine	320 60	»	»	»
Palerme	345 »	»	»	»

N.-B. Les billets d'aller et retour sont valables pendant un mois.

NAVIGAZIONE GENERALE ITALIANA

Paquebots-poste italiens.

Direction générale : Paris, 25, rue Louis-le-Grand.

Itinéraires.

Gênes à Bombay.

Départs de Gênes : le 24 de chaque mois, 8 heures soir, pour : Livourne, Naples, Port-Saïd, Suez, Aden, Bombay, correspondance à Aden pour Assab.

Bombay, 1er de chaque mois pour la même ligne.

Gênes à Singapore.

Départs de Gênes, les 1er janvier, avril, juillet, octobre, à 6 heures, pour Livourne, Naples, Port-Saïd, Suez, Aden, Ceylan, Singapore.

Singapore, les 20 février, mai, août, novembre, pour la même ligne.

Singapore à Batavia.

Départs : de Singapore, les 4 février et août.
» Batavia, les 16 février et août.

Naples, New-York.

Le départ de Naples a lieu tous les lundis, à partir du 31 mars 1884.

Gênes à Alexandrie.

Départ de Gênes, le lundi, à 9 heures soir, pour Livourne, Naples, Alexandrie.

Alexandrie, le samedi, à 9 heures matin, par la même ligne.

Gênes, Salonique, Odessa.

Départs de Gênes, le mardi tous les 15 jours, à partir du 28 mars 1884, pour Livourne, Naples, Palerme, Messine, Catane, Pirée, Salonique, Dardanelles, Constantinople, Odessa.

Odessa, le vendredi tous les 15 jours, à 6 heures soir, pour la même ligne.

Gênes, Palerme, Trieste.

Départs de Gênes, le vendredi, à 10 heures soir, pour Livourne, Naples, Palerme, Messine, Catane, Catanzaro, Tarente, Gallipoli, Brindisi, Trieste.

Trieste, le vendredi à 5 heures soir, pour Ancône, Bari, Brindisi, Gallipoli, Catanzaro, Catane, Riposto, Messine, Palerme, Naples, Livourne, Gênes.

LAC MAJEUR

PRIX		ARONA à PALLANZA	PRIX		INTRA à LOCARNO
1re cl.	2e cl.		1re cl.	2e cl.	
F. C.	F. C.		F. C.	F. C.	
Par	Arona	Arona.	Par	Intra	Intra.
0.95	0.60	Belgirate.	2.30	1.35	Laveno.
1.40	0.85	Stresa.	3.35	1.90	Luino.
1.50	0.90	Isola Bella.	4.80	2.65	Magadino
1.70	1. 0	Pallanza.	4.80	2.65	Locarno.

LAC DE GENÈVE

PRIX		GENEVA à VEVEY MARCHÉ	PRIX		VEVEY LA TOUR à BOUVERET
1re cl.	2e cl.		1re cl.	2e cl.	
F. C.	F. C.		F. C.	F. C.	
Par	Genève.	Genève.	Par	Vevey La T.	Vevey La Tour.
2. 0	0.90	Nyon.	..	..	Clarens.
..	..	Rolle.	..	..	Montreux.
3.40	1.80	Thonon.	..	..	Chillon.
4.20	2. 0	Evian.	7.50	3. 0	Villeneuve.
..	..	Morges.	..	..	Bouveret.
5. 0	2. 0	Ouchy.			
6.50	7.70	Vevey Marché.			

LAC DE THUN ET BRIENZ

PRIX		THUN à DARLIGEN	PRIX		INTERLAKEN à BRIENZ
1re cl.	2e cl.		1re cl.	2e cl.	
F. C.	F. C.		F. C.	F. C.	
Par	Thun.	Thun.	Par	Interlaken.	
..	..	Scherzligen.	2.95	1.45	Interlaken.
1. 0	0.50	Spiez.	5.75	2.85	Giessbach.
2. 0	1. 0	Darligen.	5.75	2.85	Brienz.

LUCERNE

PRIX 1re cl.	PRIX 2e cl.	A. et R. 1re cl.	LUCERNE à GERSAU	PRIX 1re cl.	PRIX 2e cl.	A. et R. 1re cl.	TREIB à FLUELEN
F. C.	F. C.	F. C.		F. C.	F. C.	F. C.	
Par	Lucerne.	Lucerne.	Lucerne Quay.	Par	Treib.	Treib.	
1 60	0.80	..	» Station.	2 80	1.60	4.45	Treib-Seelisbig
..	.	..	Weggis.	2.80	1.70	4.45	Brunnen.
2. 0	1. 0	..	Vitznau.	..	..	..	Sisikon.
2.40	1.20	..	Buochs.	..	..	..	Tellsplatte.
..	..	..	Beckenried.	..	..	..	Bauen.
2.80	1.40	..	Gersau.	..	..	..	Isleten.
				3.65	2.30	5.85	Fluelen.

SUR LE RHIN

SLOW BOAT Billet simple 1re M.pf	Billet simple 2e M.pf	Aller & Retour 1re M.pf	Aller & Retour 2e M.pf	COLOGNE à COBLENTZ	SLOW BOAT Billet simple 1re M.pf	Billet simple 2e M.pf	Aller & Retour 1re M.pf	Aller & Retour 2e M.pf	OBERLAHNSTEIN à MAYENCE
—	—	—	—	Cologne.	0.40	0.30	0.75	0.55	Oberlahnstein.
—	—	—	—	Deutz.	0.80	0.50	1.40	0.80	Boppard.
0.90	0.60	1 40	1. 0	Bonn.	1.50	1. 0	2.50	1.60	St. Goar.
1.40	0.90	2.20	1.50	Konigswinter.	—	—	—	—	Oberwesel.
1.50	1. 0	2.50	1.70	Rolandsek.	2.70	1.80	4.40	2.90	Bingen.
1.90	1.20	3.10	2.10	Remagen.	2.70	1.80	4.40	2.90	Rüdesheim.
2.20	1.40	3.60	2.40	Linz.	3.30	2.20	5.40	3.50	Eltville.
2.80	1.90	4.60	3.10	Andernach.	3.70	2.50	6.10	4.10	Biebrich.
3. 0	2.10	4.90	3.50	Neuwied.	3.70	2.50	6.10	4.10	Mayence.
3.60	2.40	6. 0	4. 0	Coblentz.					

TROISIÈME PARTIE

Circulaires Français

CHEMINS DE FER DE PARIS-LYON-MÉDITERRANÉE ET DE L'EST

Voyages circulaires de Vacances

Avec Itinéraires établis au gré des voyageurs.

Les Compagnies de Paris-Lyon-Méditerranée et de l'Est mettent à la disposition du public, pour la saison des vacances de chaque année, du 15 juillet au 15 octobre, des billets à prix réduits de voyages circulaires à itinéraires facultatifs, permettant d'effectuer sur son réseau des parcours totaux, de 300 kilomètres et au dessus, devant former des circuits complètement fermés, afin que le voyageur revienne à son point de départ.

PRIX

La distance sur laquelle est calculé le prix du billet s'obtient par l'addition des longueurs de chacun des parcours compris dans l'itinéraire choisi, et qui sont indiquées dans la *Nomenclature* des parcours figurant à la suite des conditions.

En règle générale, *si une même ligne ou partie de ligne entre deux fois dans la composition de l'itinéraire, chacun des doubles parcours est taxé au tarif général*. Toutefois, il est fait exception à cette règle pour les embranchements sans issue qui figurent avec un astérisque (*) dans la *Nomenclature*. Ils sont forcément parcourus deux fois, s'ils entrent dans l'itinéraire choisi par le voyageur, et comptés en conséquence pour le double de leur longueur. Les parcours de Villeneuve-Saint-Georges à Moret et de Saint-Germain au Mont-d'Or à Lyon sont exceptionnellement considérés comme embranchements sans issue.

Le voyageur sortant du réseau P.-L.-M., ou du réseau de l'Est, par une gare commune avec une autre Compagnie française, suisse ou italienne, a la faculté de rentrer sur le réseau P.-L.-M., ou sur le réseau de l'Est, par une gare commune autre que celle par laquelle il sera sorti.

Les embranchements indiqués dans la *Nomenclature* par deux astérisques (**) sont ceux aboutissant à des gares communes avec d'autres Compagnies françaises, suisses ou italiennes.

En ce qui concerne le parcours sur les embranchements aboutissant à des gares communes, le voyageur peut, à son choix, l'effectuer deux fois s'il ne veut pas sortir du réseau P.-L.-M., ou du réseau de l'Est, ou une fois seulement s'il préfère aller sur les réseaux voisins ou à l'étranger et rentrer sur le réseau P.-L.-M., ou sur le réseau de l'Est, par une gare commune autre que celle par laquelle il sera sorti.

Dans tous les cas, bien entendu, les parcours étrangers au réseau P.-L.-M., ou au réseau de l'Est, sont effectués aux frais du voyageur, et le retour au point de départ doit avoir lieu dans le délai stipulé par le billet circulaire.

Les prix des voyages circulaires de vacances sont ceux du tarif général, avec une réduction variant de 20 % pour les parcours de 300 kilomètres, à 50 % pour les parcours de 4,000 kilomètres, et à 55 % pour les parcours de 5,000 kil.

Le tableau ci-dessous donne les prix réduits à percevoir :

PARCOURS		2e cl.	3e cl.
Jusqu'à 300 kilom.		22 »	16 »
301	à 325	24 »	18 »
326	350	26 »	19 »
351	375	28 »	20 »
376	400	29 »	21 »
401	430	31 »	23 »
431	460	33 »	24 »
461	500	36 »	27 »
501	550	40 »	29 »
551	600	43 »	32 »
601	650	46 »	34 »
651	700	50 »	36 »
701	750	53 »	39 »
751	800	56 »	41 »
801	850	59 »	43 »
851	900	62 »	46 »
901	950	65 »	48 »
951	1000	69 »	50 »
1001	1100	75 »	55 »
1101	1200	80 »	59 »
1201	1300	86 »	63 »
1301	1400	92 »	67 »
1401	1500	97 »	71 »
1501	1600	103 »	75 »
1601	1700	108 »	79 »
1701	1800	113 »	83 »
1801	1900	118 »	86 »
1901	2000	122 »	90 »
2001	2200	131 »	96 »
2201	2400	140 »	102 »
2401	2600	147 »	108 »
2601	2800	154 »	113 »
2801	3000	161 »	118 »
3001	3200	167 »	122 »
3201	3400	172 »	126 »
3401	3600	177 »	130 »
3601	3800	182 »	134 »
3801	4000	187 »	138 »
4001	4200	192 »	142 »
4201	4400	197 »	146 »
4401	4600	202 »	150 »
4601	4800	207 »	154 »
4801	5000	212 »	158 »

CONDITIONS

Billets. — Les billets sont personnels. Ils sont munis de coupons en quantité suffisante pour bien définir l'itinéraire à suivre.

Les voyageurs doivent représenter à toute réquisition des Agents de la Compagnie leurs billets complets, sauf les coupons correspondants aux trajets déjà effectués. Ils sont tenus, en outre, de donner leur signature chaque fois qu'elle leur est demandée.

Tout coupon isolé est considéré comme nul et retiré si le voyageur ne peut représenter en même temps les autres parties du billet qui doivent rester entre ses mains, y compris la couverture, qui porte son nom, sa signature et la date de laquelle part la durée de la validité du billet.

Seront également considérés comme nuls, sans recours contre la Compagnie :

1° Tout billet, pris à l'avance, dont il n'aura pas été fait usage pendant la durée légale ;

2° Tout billet dont le délai sera dépassé.

Dans ce dernier cas, le voyage ne pourra être continué qu'avec un nouveau billet délivré aux conditions ordinaires des tarifs, ou au moyen d'un autre billet circulaire.

Validité. — La durée de validité de ces billets est de :

30 jours pour les parcours inférieurs à 1,500 kilomètres.

45 jours pour les parcours de 1,500 à 3,000 kilomètres.

60 jours pour les parcours supérieurs à 3,000 kilomètres.

Non compris le jour du départ.

Un voyageur porteur d'un billet délivré, par exemple, dans la journée du 20 juillet devra être rentré à son point de départ, à minuit au plus tard, dans la nuit :

Du 19 au 20 août, si le parcours total est inférieur à 1,500 kilomètres.

Du 3 au 4 septembre, si le parcours total est de 1,500 à 3,000 kilomètres.

Du 18 au 19 septembre, si le parcours est supérieur à 3,000 kilomètres.

La durée de ces billets peut être prolongée une ou plusieurs fois d'une période égale à celle de la durée primitive. Chaque période de prolongation part de l'expiration de la période précédente et donne lieu à la perception d'un supplément de dix pour cent (10 %). La prolongation ne peut être demandée que pour les billets non périmés.

Enfants. — Au dessous de 3 ans, les enfants ne paient

rien, à la condition d'être portés sur les genoux des personnes qui les accompagnent. De 3 à 7 ans, les enfants paient demi-place et ont droit à une place distincte; toutefois, dans un même compartiment, deux enfants ne peuvent occuper que la place d'un voyageur. Au dessus de 7 ans, ils paient place entière.

Bagages. — Moyennant la taxe de 0,10 c. par chaque enregistrement, les voyageurs ont droit au transport gratuit de 30 kilogrammes de bagages par billet entier.

Le transport gratuit par demi-place est de 20 kilogrammes.

L'excédant de poids est taxé d'après les tarifs généraux de la Compagnie.

Les bagages sont transportés avec les voyageurs, et doivent être enregistrés à nouveau, après chaque arrêt facultatif. En cas de séjour des bagages dans l'une des gares du parcours autorisé, il sera dû les frais accessoires du dépôt, conformément au tarif général de la Compagnie.

Trains. — Tous les trains transportant des voyageurs de même classe à plein tarif sont à la disposition des voyageurs porteurs de billets circulaires, dans les conditions, toutefois, portées à la connaissance du public par l'affiche de la marche des trains.

Itinéraires. — L'itinéraire choisi par le voyageur est consigné sur le billet et ne peut être modifié pendant le cours du voyage. Il n'est rien remboursé pour les parcours abandonnés. Tout parcours non prévu dans l'itinéraire doit être payé à part, sans aucune compensation avec les parcours abandonnés.

Le voyageur peut se rendre directement, en suivant le sens général adopté par lui, d'un point de l'itinéraire à un autre, par une ligne du réseau P.-L.-M., plus courte que celle qui figure dans l'itinéraire entre ces deux points, à condition :

1° D'informer le chef de la gare à laquelle il interrompt son voyage, pour que celui-ci inscrive sur le billet l'autorisation suivante : *Bon pour reprendre à... le voyage interrompu à...*

2° D'abandonner son droit au parcours non effectué ;

3° De ne pas parcourir deux fois la même section de ligne, à l'exception des sections qui figurent deux fois dans l'itinéraire.

Arrêts. — Le voyageur a la faculté de s'arrêter à toutes les gares desservies par les trains et situées sur l'itinéraire, mais il doit faire apposer, à l'arrivée, sur son billet, dans l'une des cases disposées à cet effet, le timbre de la gare où il s'arrête.

Dispositions générales. — L'application du présent tarif reste, d'ailleurs, soumise aux conditions du tarif général de la Compagnie en tout ce qui n'est pas contraire aux dispositions qui précèdent.

DEMANDES DE BILLETS

Les demandes de billets circulaires doivent être remises à la gare cinq jours, au moins, avant celui du départ. Chaque demande donne lieu à une consignation de 10 fr., laquelle sera acquise à la Compagnie, si le billet n'est pas retiré dix jours, au plus, après avoir été demandé.

On trouve des formules de demandes imprimées dans toutes les gares et bureaux de ville du réseau P.-L.-M. et du réseau de l'Est.

NOMENCLATURE DES PARCOURS

AVEC LEURS LONGUEURS

NOTA. — Les embranchements sans issue sont indiqués par un astérisque (*) ; ceux aboutissant à des gares communes avec d'autres Compagnies françaises, suisses ou italiennes par deux astérisques (**)

I. — PARIS-LYON-MÉDITERRANÉE

PARCOURS	
Paris, Lyon, Marseille et frontière d'Italie.	
Paris à Villeneuve-S-Georges(*)	15 k.
Villeneuve-St-Georges à Moret.	53
Moret à Montereau	13
Montereau à Sens	34
Sens à Laroche	43
Moret à Laroche	89
Laroche à Nuits-s-Ravières	70
Nuits-s-Ravières aux Laumes	32
Les Laumes à Dijon	58
Dijon à Chagny	52
Chagny à Chalon	17
Chalon à Mâcon	59
Mâcon à Belleville	23
Belleville à S-Germ.-au-Mt-d'Or	29
St-Germ.-au-Mt-d'Or à Lyon	20
Lyon à Chasse	21
Chasse à St-Rambert-d'Albon	41
St-Rambert-d'Albon à Valence	45
Valence à Livron	18
Livron à Sorgues	98
Sorgues à Avignon	10
Avignon à Tarascon	22
Tarascon à Arles	14
Arles à Miramas	33
Miramas à Rognac	26

PARCOURS	
Rognac à Marseille	28 k.
Marseille à Aubagne	17
Aubagne à la Pauline	61
La Pauline à Carnoules	25
Carnoules aux Arcs (*)	35
Les Arcs à Cannes (*)	58
Cannes à Vintimille-front. (**)	59
Carnoules à Vintimille-front (**)	151
Embranchements.	
Villeneuve-S-Georges à Juvisy	7 k.
Juvisy à Malesherbes	56
Villen.-St-Georges à Malesherb.	63
Malesherbes à Montargis	48
Sens à Triguères	40
Triguères à Montargis	23
Sens à Montargis	63
Triguières à Toucy-Moulins	43
Toucy-Moulins à Clamecy	39
Triguières à Clamecy	82
Toucy-Moulins à Gien	63
Laroche à Cravant	37
Cravant à Clamecy	36
Clamecy à Nevers	76
Clamecy à Cercy-la-Tour	85
Cercy-la-Tour à Gilly	43
Gilly à Paray-le-Monial	30

PARCOURS	
Cilly à Moulins	37 k.
Cravant à Maison-Dieu	46
Maison-Dieu aux Laumes	39
Maison-Dieu à Dracy-St-Loup	74
Nuits-sous-Ravières à Châtillon-sur-Seine (**)	36
Dijon à Is-sur-Tille (**)	28
Chalon à St-Bonnet en Bresse	34
St-Bonnet en Bresse à Dôle	45
Chalon-sur-Saône à St-Germain-du-Plain	16
St-Germain-du-Plain à Louhans	21
Louhans à Lons-le-Saulnier	30
Châlon-s-S. à Lons-le-Saulnier	67
St-Germain-du-Plain à Bourg	62
Mâcon à Bourg	38
Mâcon à Paray-le-Monial	77
Bourg à Lyon-Croix-Rousse (*)	59
Bourg à Bellegarde	65
Belleville à Beaujeu (*)	13
Chasse à Givors	5
St-Rambert-d'Albon à Peyraud	3
St-Rambert-d'Albon à Rives	6
Valence à Moirans	50
Livron à Crest (*)	88
Livron à la Voulte-sur-Rhône	5
Sorgues à Carpentras (*)	17
Avignon à Cavaillon	33
Cavaillon à Cheval-Blanc	4
Tarascon à Nîmes	28
Arles au Cailar	36
Miramans à Cheval-Blanc	33
Rognac à Aix	26
Aix à Gardanne	12
Gardanne à Marseille	25
Aubagne à Valdonne (*)	17
La Pauline aux Salins-d'Hyères (*)	19
Gardanne à Carnoules	79
Les Arcs à Draguignan (*)	13
Cannes à Grasse (*)	20

Paris à Lyon (par le Bourbonnais) et embranchements.

Moret à Bourron	12 k.
Bourron à Montargis	39
Montargis à Gien	37
Gien à Nevers	99
Montargis à Nevers	136
Nevers à Saincaize	10
Saincaize à Moulins	50
Nevers à Moulins	60
Moulins à St-Germ.-des-Fossés	42
St-Germ.-des-Fossés au Coteau	69
Le Coteau à l'Arbresle	57

PARCOURS	
L'Arbresle à St-G.-au-Mt-d'Or	18 k.
Le Coteau à St-G.-au-Mt-d'Or	74
Bourron à Malesherbes	27
Nevers à Cercy-la-Tour	53
Cercy-la-Tour à Etang	53
Etang à Montchanin	29
Montchanin à Chagny	30
Chagny à Dracy-St-Loup	42
Dracy-St-Loup à Etang	23
Paray-le-Monial à Montchanin	51
Paray-le-Monial au Coteau	57
Le Coteau à Montrond	50
Montrond à St-Etienne	30
Le Coteau à St-Etienne	79
Montbrison à Montrond	15
Montrond à l'Arbresle	41
L'Arbresle à Lyon-St-Paul (*)	23
Montbrison à Bonson	15
Bonson à Saint-Bonnet-le-Château (*)	27
Bonson à Saint-Etienne	19
Saint-Etienne à Givors	36
Givors à Lyon	22
Clerm.-Ferrand à Pont-de-Dore	35
Pont-de-Dore à Giroux (*)	23
Pont-de-Dore à Montbrison	78
Pont de-Dore à St-Etienne	111
St-Germain-des-Fossés à Pont-de-Dore	47
St-Germ.-des-Fossés à Gannat	24
Gannat à Clermont-Ferrand	41
St-Germain-des-Fossés à Clermont-Ferrand	65
Clermont-Ferrand à Arvant	60
Arvant à St-Georges-d'Aurac	35
Clerm.-Fer. à St-Georg.-d'Aurac	94
St-Georges-d'Aurac à Alais	161
Alais à Nozières	21
Nozières à Nîmes	29
Alais à Nîmes	50
St-Georg.-d'Aurac à St-Etienne	139

Dijon à Belfort et embranchements.

Dijon à Auxonne	32 k.
Auxonne à Dôle	15
Dôle à Labarre	18
Labarre à Besançon	28
Besançon à Montbéliard (*)	79
Montbéliard à Belfort (**)	18
Besançon à Belfort (**)	96
Montbéliard à Delle-Front (**)	21
Auxonne à Gray (**)	37
Labarre à Montagney	18
Dijon à St-Bonnet-en-Bresse	61
St-Bonnet-en-Bresse à Louhans	30

PARCOURS	
Louhans à St-Amour	25 k.
St-Bonn.-en-Bresse à St-Amour	54
Montagney à Gray (*)	22
Montagney à Besançon	36
Besançon à Vesoul (**)	65
Dôle à Arc-Senans	26
Besançon à Arc-Senans	35
Arc-Senans à Mouchard	7
Mouchard à Salins (*)	8
Mouchard à Andelot (*)	25
Andelot à Champagnole (*)	14
Andelot à Pontarlier (*)	38
Pontarlier aux Verrières-Fr. (**)	12
Pontarlier à Vallorbes-Front (**)	23
Mouchard aux Verrières-Fr. (**)	73
Mouchard à Vallorbes-Front (**)	85
Mouchard à Lons-le-Saulnier	50
Lons-le-Saulnier à Bourg	35
St-Amour à Bourg	30

Dauphiné, Savoie et Rhône au Mont-Cenis.

Lyon à Rives	85 k.
Rives à Moirans	18
Moirans à Grenoble	19
Grenoble à Montmélian	50
Grenoble à Veynes	110
Veynes à St-Auban	67
St-Auban à Pertuis	69
Pertuis à Aix	33
Veynes à Mont-Dauphin (*)	82
Mont-Dauphin à Briançon (*)	28
Saint-Auban à Digne (*)	22
Cavaillon à Apt (*)	32
Cheval-Blanc à Pertuis	41
Culoz à Aix-les-Bains	23
Aix-les-Bains à Montmélian	28
Montmélian à St-Pierre-d'Albigny (*)	12
St-Pierre-d'Albigny à Modane-frontière (**)	88
Montmélian à Modane-fr. (**)	100
Aix-les-Bains à Annecy	40
Annecy à Annemasse	56
St-P.-d'Albigny à Albertville (*)	24

Lyon et Bourg à Genève.

Lyon à Ambérieu	52 k.
Ambérieu à Bourg	32
Ambérieu à Montalieu (*)	17
Ambérieu à Virieu-le-Grand	39
Virieu-le-Grand à Culoz	12

PARCOURS	
Culoz à Bellegarde	33 k.
Bellegarde à Genève (**)	34
Bellegarde à Annemasse	39
Annemasse à Evian (**)	39
Culoz à Genève (**)	67
Culoz à Evian (**)	110
Virieu-le-Grand à Belley (*)	15

Rive droite du Rhône et embranchements.

Givors à Peyraud	46 k.
Peyraud à la Voulte-s.-Rhône	61
La Voulte s.-Rhône au Pouzin	6
Le Pouzin au Teil	25
Le Teil à Remoulins	103
Remoulins à Tarascon	22
Remoulins à Nîmes	22
Remoulins à Uzès	20
Uzès à St-Julien-de-Cassagnas	39
Remoulins à St-Julien-de-Cass.	59
Uzès à Nozières	19
Peyraud à Annonay (*)	18
Le Pouzin à Privas (*)	22
Le Teil à Vogué	28
Vogué à Robiac	44
Robiac à S-Julien-de-Cassagnas	15
St-Julien-de-Cassagnas à Alais	15
Vogué à Nieigles-Prades	19
St-Julien-de-Cassagnas au Martinet (*)	11
Robiac à Bessèges (*)	3

Tarascon à Cette et embranchements.

Nîmes à Sommières	30 k.
Sommières à Montpellier	29
Nîmes à Gallargues	21
Gallargues à Lunel	6
Lunel à Montpellier (**)	24
Montpellier à Cette (**)	28
Lunel à Cette (**)	52
Nîmes au Cailar	25
Gallargues à Sommières	10
Sommières à Quissac	21
Quissac au Vigan (*)	43
Alais à Lézan	17
Lézan à Quissac	15
Lézan à Anduze (*)	7
Lunel à Aimargues	7
Aimargues au Cailar	13
Aimargues à Aigues-Mortes (*)	13

II. — RÉSEAU DE L'EST.

	PARCOURS	
	Paris à Avricourt et embranchements	
236	Paris à Noisy-le-Sec (**)	9 k.
237	Noisy-le-Sec à Epernay.	133
238	Epernay à Romilly.....	91
239	Epernay à Châlons-sur-Marne..............	31
240	Châlons-sur-Marne à St-Hilaire-au-Temple....	17
241	St-Hilaire au-Temple à Ste-Menehould.......	45
242	Ste-Menehould à Verdun	46
243	Verdun à Conflans-Jarny	41
244	Conflans-Jarny à Valleroy-Moineville (*)....	8
245	Conflans-Jarny à Batilly-frontière (**).........	13
246	Valleroy - Moineville à Briey (*)..........	7
247	Valleroy - Moineville à Homécourt-Jœuf (*)...	6
248	Châlons - sur - Marne à Blesme - Haussignemont............	45
249	Blesme-Haussignemont à St-Dizier...........	18
250	Saint-Dizier à Jessains..	66
251	Saint-Dizier à Bologne..	58
252	Blesme-Haussignemont à Révigny..............	21
253	Révigny à Nançois-le-Petit..............	27
254	Nançois-le-Petit à Neufchâteau............	68
255	Nançois-le-Petit à Lérouville............	24
256	Lérouville à Verdun....	55
257	Lérouville à Pagny-sur-Meuse.............	20
258	Pagny-sur-Meuse à Neufchâteau............	47

	PARCOURS	
259	Pagny-sur-Meuse à Toul.	12 k.
260	Toul à Frenelle-la-Gr.	53
261	Toul à Frouard.........	25
262	Frouard à Nancy.......	9
263	Frouard à Pompey.....	6
264	Pompey à Nomény.....	22
265	Pompey à Pagny-sur-Moselle............	27
266	Pagny-sur-Moselle à Pagny-sur-Moselle-frontière (**)...........	6
267	Pagny-sur-Moselle à Onville................	8
268	Onville à Thiaucourt (*).	12
269	Onville à Conflans-Jarny.	25
270	Nancy à Moncel-frontière (**)............	30
271	Nancy à Frenelle-la-Grande..............	54
272	Frenelle-la-Grande à Mirecourt............	7
273	Nancy à Blainville.....	23
274	Blainville à Epinal....	51
275	Blainville à Mont-sur-Meurthe............	6
276	Mont-sur-Meurthe à Gerbéviller (*).........	10
277	Mont-s-Meurthe à Lunéville................	6
278	Lunéville à Avricourt-frontière (**)........	25
279	Lunéville à Baccarat...	25
280	Baccarat à Badonviller (*)	14
281	Baccarat à Saint-Dié....	27
	Epernay à Audun-le-Roman et embranchements	
282	Epernay à Reims......	31 k.
283	Reims à Soissons (*)...	55

	PARCOURS	
284	Reims à Laon (*).......	52 k.
285	Reims à St-Hilaire-au-Temple	40
286	Reims à Amagne-Lucquy	48
287	Amagne-Lucquy à Challerange	41
288	Challerange à Apremont (*)............	25
289	Challerange à Ste-Menehould	32
290	Ste-Menehould à Révigny................	36
291	Amagne-Lucquy à Mézières-Charleville.......	41
292	Mézières - Charleville à Hirson (*)...........	56
293	Mézières - Charleville à Givet (**)...........	64
294	Mézières - Charleville à Sedan..............	21
295	Redan à Raucourt (*)...	14
296	Sedan à Verdun.......	94
297	Sedan à Montmédy.....	50
298	Montmédy à Ecouviez-frontière (**)........	8
299	Montmédy à Velosnes..	8
300	Velosnes à Ecouviez-front. (**)...........	6
301	Velosnes à Longuyon...	14
302	Longuyon à Longwy (**)	17
303	Longwy à Villerupt-Micheville (*)..........	18
304	Longwy à Mont-Saint-Martin-frontière (**)..	6
305	Longuyon à Audun-le-Roman-frontière (**)..	31
306	Longuyon à Conflans-Jarny.............	42

Paris à Petit-Croix-front. et embranchements

307	Noisy-le-Sec à Gretz-Armainvilliers	30 k.
308	Gretz-Armainvilliers à La Ferté-Gaucher (*).	53
309	Gretz-Armainvilliers à Longueville.........	50
310	Longueville à Provins (*)	7
311	Longueville à Flamboin-Gouaix.............	7
312	Flamboin-Gouaix à Montereau (**)...........	30
313	Flamboin-Gouaix à Romilly................	34
314	Romilly à Troyes......	38

	PARCOURS	
315	Troyes à Châtillon-s.-Seine (**)...........	67 k.
315 b	Troyes à Sens-Ville (**).	69
316	Châtillon-sur-Seine à Chaumont (**).......	56
317	Châtillon-sur-Seine à Poinson-Beneuvre....	48
318	Poinson-Beneuvre à Is-sur-Tille (**).........	26
319	Troyes à Jessains......	44
320	Jessains à Chaumont...	52
321	Chaumont à Langres (Marne).............	35
322	Langres (Marne) à Poinson-Beneuvre........	47
323	Langres à Andilly	18
324	Langres à Culmont-Chalindrey.............	11
325	Culmont-Chalindrey à Andilly	16
326	Culmont-Chalindrey à Is-sur-Tille (**)........	44
327	Culmont-Chalindrey à Gray (**)............	45
328	Gray à Vesoul (**).....	58
329	Culmont-Chalindrey à Vitrey..............	29
330	Vitrey à Bourbonne-les-Bains (*)............	18
331	Vitrey à Port-d'Atelier-Amance.............	25
332	Port-d'Atelier-Amance à Aillevillers..........	31
333	Aillevillers à Plomb. (*).	11
334	Aillevillers à Faymont (*)	20
335	Port-d'Atelier-Amance à Vesoul (**)..........	21
336	Vesoul à Lure (**).....	31
337	Lure à Aillevillers.....	33
338	Lure à Bas-Evette......	25
339	Bas-Evette à Giromagny (*).............	8
340	Bas-Evette à Belfort (**)	32
341	Belfort à Delle-front. (**)	22
342	Belfort à Petit-Croix-frontière (**)........	13

Chaumont à Saint-Dié (via Neufchâteau) et embranchements

343	Chaumont à Bologne...	14 k.
344	Bologne à Neufchâteau..	49
345	Neufchâteau à Merrey..	41
345 b	Mirecourt à Merrey....	62
346	Neufchâteau à Mirecourt	46

	PARCOURS			PARCOURS	
347	Merrey à Andilly......	19 k.	354	Remiremont à Saint-Maurice-Bussang (*)..	29 k.
349	Mirecourt à Epinal....	33	355	Arches à Laveline.....	24
350	Epinal à Aillevillers ...	44	356	Laveline à Gérardmer (*)	18
351	Epinal à Arches.......	12	357	Laveline à St-Léonard..	18
352	Arches à Remiremont (*)	16	358	Saint-Léonard à Fraize.	
353	Remiremont à Cornimont (*)............	24	359	Saint-Léonard à St-Dié.	

NOMENCLATURE DES VOYAGES CIRCULAIRES OU D'EXCURSIONS

A Itinéraires fixes.

Les billets de ces voyages se délivrent pendant toute l'année, à l'exception des billets des voyages dont l'émission a lieu pendant les périodes suivantes :

4 *bis* (*valables pendant 2 mois*), du 1er juin au 31 août ;
4 *bis* (— *1 mois*), 4 *ter*, 81 à 83, du 1er juin au 30 septembre ;
67 et 68, du 1er mai au 31 août.
71 à 76, du 1er mai au 30 septembre.

Les billets des voyages franco-algériens nos 51 à 68 sont délivrés exclusivement par la Compagnie générale transatlantique dans ses bureaux et agences de France, de Corse, d'Algérie, de Tunisie, du Maroc, de l'île de Malte, de Sicile, d'Italie et d'Espagne.

1. — Paris, Fontainebleau, Sens, Dijon, Besançon, Pontarlier, Neuchâtel, Bienne, Berne, Fribourg, Lausanne, Genève, Culoz, Aix-les-Bains, Annecy, Chambéry, Modane, Bourg (ou Lyon), Mâcon, Chalon-sur-Saône, Paris. — *Validité* : 45 jours. — **2e cl.** : 121 fr.

2. — Paris, Fontainebleau, Montargis, Nevers, Moulins, Vichy, Clermont-Ferrand, Montbrison, St-Etienne, Lyon, Culoz, Aix-les-Bains, Annecy, Chambéry, Modane, Bourg (ou Lyon), Mâcon, Chalon-sur-Saône, Dijon, Sens, Paris. — *Validité* : 45 jours. — **2e cl.** : 120 fr.

4. — Paris, Fontainebleau, Sens, Dijon, Dôle, Pontarlier,

Neuchâtel, Bienne, Berne, Interlaken, Fribourg, Lausanne, Genève, Bourg, Mâcon (ou Vallorbes, Pontarlier, Dôle), Dijon, Sens, Fontainebleau, Paris. — *Validité* : 30 jours. — **2e cl.** : 105 fr. — 60 jours. — **2e cl** : 114 fr.

4 *bis*. — Paris, Fontainebleau, Sens, Dijon, Chalon-sur-Saône, Mâcon, Bourg, Culoz, Genève, Lausanne, Fribourg, Berne, Thoune, Darlingen, Interlaken, Bonigen, Brienz, Alpnach, Lucerne, Olten, Bâle, Mulhouse (ou Delle), Belfort, Chaumont, Troyes, Paris. — *Validité* : 1 mois. — **2e cl.** : 119 fr. 35. — 2 mois. — **2e cl.** : 129 fr. 50.

4 *ter*. — Paris, Sens, Dijon, Dôle, Pontarlier, Neufchâtel, Bienne, Berne, Thoune, Darlingen, Interlaken, Bonigen, Brienz, Alpnach, Lucerne, Olten, Bienne, Délémont, Delle (ou Bâle, Mulhouse), Belfort, Chaumont, Troyes, Paris. — *Validité* : 1 mois (*viâ* Belfort-Delle). — **2e cl.** : 108 fr. 85 — *viâ* Belfort-Mulhouse-Bâle. — **2e cl.** : 113 fr. 55.

5. — Paris, Sens, Dijon, Besançon, Pontarlier, Neuchâtel, Bienne, Berne, Fribourg, Lausanne, Genève, Lyon, Valence, Avignon, Cavaillon, Aix, Marseille, Toulon, Cannes, Grasse, Nice, Monaco, Menton, Marseille, Arles, Nîmes, Montpellier, Cette, Narbonne, Perpignan, Port-Vendres, Toulouse, Foix, Montréjeau, Bagnères-de-Luchon, Tarbes, Bagnères-de-Bigorre, Lourdes, Pierrefitte, Pau, Bayonne, Biarritz, Hendaye, Arcachon, Bordeaux, Angoulême, Poitiers, Niort, Angers, Tours, Orléans, Paris. — *Validité* : 45 jours. — **2e cl.** : 236 fr.

6. — Paris, Sens, Dijon, Besançon, Pontarlier, Neuchâtel, Bienne, Berne, Fribourg, Lausanne, Genève, Lyon, St-Étienne, Le Puy, Roanne, Vichy, Clermont-Ferrand, Aurillac, Rodez, Albi, Toulouse, Foix, Montréjeau, Bagnères-de-Luchon, Tarbes, Bagnères-de-Bigorre, Lourdes, Pierrefitte, Pau, Bayonne, Biarritz, Hendaye, Arcachon, Bordeaux, Angoulême, Poitiers, Tours, Orléans, Paris. — *Validité* : 45 jours. — **2e cl.** : 191 fr.

6 *bis*. — Dijon, Nevers, Bourges, Châteauroux (ou Clermont-Ferrand, Gannat, Guéret), Limoges, Montmorillon, Poitiers, Angoulême (ou Périgueux, Coutras), Bordeaux, Arcachon, Biarritz, Hendaye, Pierrefitte, Bagnères-de-Bigorre, Bagnères-de-Luchon, Toulouse, Tarascon, Cerbère, Cette, Nîmes, Tarascon, Avignon, Valence (ou Bagnols), Tournon, Givors, Lyon, Dijon. — *Validité* : 30 jours. — **2e cl.** : 164 fr.

7. — Paris, Sens, Dijon, Mâcon, Lyon, Voiron, Grenoble, Montmélian, Modane, Aix-les-Bains, Chambéry, Culoz, Genève, Lausanne, Fribourg, Berne, Bienne, Neuchâtel, Pontarlier,

Besançon, Dôle, Dijon, Paris. — *Validité* : 30 jours. — **2e cl.** : 121 fr.

8. — Paris, Sens, Dijon, Lyon, Roanne, Vichy, Moulins, Nevers, Montargis, Paris (*viâ* Moret ou *viâ* Corbeil). — *Validité*: 30 jours. — **2e cl.** : 75 fr.

8 *bis*. — Paris, Sens, Dijon, Besançon, Bourg, Aix-les-Bains, Annecy, Grenoble, Lyon, Roanne, Vichy, Moulins, Nevers, Montargis, Paris (*viâ* Moret ou *viâ* Corbeil). — *Validité* : 30 jours. — **2e cl.** : 75 fr.

9. — Paris, Fontainebleau, Sens, Tonnerre, Dijon, Chalon-sur-Saône, Mâcon, Lyon, St-Etienne, Le Puy, Clermont-Ferrand, Vichy, Moulins, Nevers, Montargis, Paris (*viâ* Moret ou *viâ* Corbeil). — *Validite* : 30 jours. — **2e cl.** : 75 fr.

10. — Dijon, Gray, Besançon, Mouchard, Pontarlier, Lons-le-Saulnier, Bourg, Genève, Ambérieu, Lyon, Mâcon, Chalon-sur-Saône, Dijon. — *Validité*: 30 jours. — **2e cl.** : 51 fr.

11. — Lyon, Voiron, Grenoble, Chambéry, Aix-les-Bains, Annecy, Genève, Ambérieu, Bourg, Mâcon, Lyon. — *Validité* : 15 jours. — **2e cl.** : 44 fr.

12. — Lyon, Bourgoin, Voiron, Grenoble, Gap, Grenoble, Moirans, Romans, Valence, Vienne ou Givors, Lyon. — *Validité* : 15 jours — **2e cl.** : 42 fr.

13. — Lyon, Ambérieu, Genève, Aix-les-Bains, Chambéry, Grenoble, Gap, Aix, Marseille, Avignon, Orange, Valence, Vienne (ou Nîmes, Bagnols, Tournon), Lyon. — *Validité* : 30 jours. — **2e cl.** : 54 fr.

14. — Lyon, St-Etienne, Le Puy, Brioude, Clermont-Ferrand, Thiers, Montbrison, St-Etienne, Lyon. — *Validité* : 15 jours. — **2e cl.** : 34 fr.

15. — Lyon, Ambérieu, Genève, Aix-les-Bains, Chambéry, Grenoble, Voiron, Lyon. — *Validité* : 15 jours. — **2e cl.** : 33 fr.

16. — Lyon, Bourgoin, Voiron, Grenoble, Modane, Chambéry, Aix-les-Bains, Genève, Ambérieu, Lyon. — *Validité* : 15 jours. — **2e cl.** : 44 fr.

17. — Marseille, Toulon, Cannes, Grasse, Nice, Vintimille, Marseille. — *Validité* : 15 jours : **2e cl.** : 42 fr.

18. — Marseille, Tarascon, Nîmes, Brioude, Clermont-Ferrand, Thiers, St-Etienne, Lyon, Valence, Avignon ou Tournon, Bagnols, Nîmes, Marseille. — *Validité* : 30 jours. — **2e cl.** : 45 fr.

19. — Marseille, Avignon, Valence, Grenoble, Chambéry,

Aix-les-Bains, Ambérieu, Lyon, Vienne, Valence, Orange, Avignon ou Tournon, Bagnols, Nîmes, Marseille. — *Validité*: 30 jours. — **2e cl.**: 53 fr.

20. — Nevers, Moulins, Vichy, Clermont-Ferrand, Le Puy, St-Etienne, Lyon, Roanne, Moulins, Nevers. — *Validité*: 15 jours. — **2e cl.** : 47 fr.

21. — Nevers, Moulins, Vichy, Clermont-Ferrand, Le Puy, St-Etienne, Lyon, Voiron, Grenoble, Chambéry, Aix-les-Bains, Genève, Bourg, Mâcon, Chalon-sur-Saône, Autun (ou le Creusot), Nevers. — *Validité* : 30 jours. — **2e cl.** : 56 fr.

22. — Nevers, Moulins, Vichy, Clermont-Ferrand, Nîmes, Tarascon, Marseille, Aix, Cavaillon, Avignon, Valence, Romans, Grenoble, Chambéry, Aix-les-Bains, Genève, Lyon, Mâcon, Chalon-sur-Saône, Dijon, Chagny, Autun ou le Creusot, Nevers, — *Validité* : 45 jours. — **2e cl.** : 62 fr.

23. — Lyon, Mâcon, Chalon-sur-Saône, Dijon, Autun (ou le Creusot), Nevers, Moulins, Vichy, Gannat, Clermont-Ferrand, Thiers, Montbrison, St-Etienne, Lyon. — *Validité* : 30 jours. — **2e cl.** : 49 fr.

24. — Lyon, Mâcon, Chalon-sur-Saône, Dijon, Autun (ou le Creusot), Moulins, Vichy, Gannat, Clermont-Ferrand, Arvant, Le Puy, St-Etienne, Lyon. — *Validité* : 30 jours. — **2e cl.** : 51 fr.

25. — Lyon, St-Etienne, Le Puy, Nîmes, Tarascon, Arles, Marseille, Aix, Pertuis, Cavaillon, Avignon, Orange, Livron, Valence, Grenoble, Chambéry, Aix-les-Bains, Genève, Culoz, Ambérieu, Lyon. — *Validité* : 30 jours. — **2e cl.** : 57 jours.

26. — Lyon, St-Etienne, Montbrison, Thiers, Clermont-Ferrand, Langogne, Alais, Nîmes, Tarascon, Arles, Marseille, Aix, Pertuis, Cavaillon, Avignon, Orange, Valence, Grenoble, Chambéry, Aix-les-Bains, Genève, Culoz, Ambérieu, Lyon. — *Validité* : 30 jours. — **2e cl.** : 57 fr.

27. — Lyon, Vienne, Valence ou Givors, Tournon, Orange, Avignon, Cavaillon, Aix, Marseille, Pertuis, Digne, Gap, Grenoble, Chambéry, Aix-les-Bains, Genève, Culoz, Ambérieu, Lyon. — *Validité* : 30 jours. — **2e cl.** : 55 fr.

28. — Lyon, Vienne, Valence ou Givors, Tournon, Orange, Avignon, Cavaillon, Aix, Marseille, Pertuis, Digne, Gap, Grenoble, Bourgoin, Lyon. — *Validité* : 30 jours. — **2e cl.** : 51 fr.

29. — Marseille, Aix, Digne, Gap, Grenoble, Chambéry, Aix-les-Bains, Genève, Culoz, Montmélian, Grenoble, Lyon, St-Etienne, Le Puy, Alais, Nîmes, Tarascon, Arles, Marseille. — *Validité* : 30 jours. — **2e cl.** : 58 fr.

30. — Marseille, Aix, Pertuis, Cavaillon, Avignon, Tarascon, Nîmes, Lunel, Montpellier, Cette, Aigues-Mortes, Saint-Gilles, Arles, Miramas, Marseille. — *Validité* : 15 jours. — **2e cl.** : 33 fr.

31. — Marseille, Aix, Pertuis, Cavaillon, Avignon, Orange, Livron, St-Ambroix, Alais ou Bagnols, Nîmes, Montpellier, Cette, Aigues-Mortes, Arles, Miramas, Marseille. — *Validité* : 30 jours. — **2e cl.** : 48 fr.

32. — Paris à Cette (*viâ* Clermont-Ferrand ou *viâ* Dijon-Lyon, avec faculté de passage par Marseille), Perpignan, Cerbère, Barcelone, Tarragone, Sagunto, Valence, La Encina, Aranjuez, Madrid, Tolède, Madrid, Escurial, Avila, Salamanque, Zamora, Médina, Valladolid, Santander, Burgos, Bilbao, St-Sébastien, Irun, Bayonne, Bordeaux, Tours, Paris. — *Validité* : 45 jours (En Espagne 35 jours.) — **2e cl.** : 243 f. 80.

33. — Paris à Cette (*viâ* Clermont-Ferrand, ou *viâ* Dijon-Lyon, avec faculté de passage par Marseille), Perpignan, Cerbère, Barcelone, Tarragone, Sagunto, Valence, La Encina, Cordoue, Séville, Xérès, Cadix, Utréra, La Roda, Grenade, Bobadilla, Malaga, Cordoue, Aranjuez, Madrid, Tolède, Madrid, Escurial, Avila, Zamora, Salamanque, Médina, Valladolid, Santander, Burgos, Bilbao, St-Sébastien, Irun, Bayonne, Bordeaux, Tours, Paris. — *Validité* : 65 jours. (En Espagne 55 jours). — **2e cl.** : 337 fr. 50.

34. — Paris à Cette (*viâ* Clermont-Ferrand ou *viâ* Dijon-Lyon, avec faculté de passage par Marseille), Perpignan, Cerbère, Barcelone, Tarragone, Sagunto, Valence, La Encina, Ciudad-Real, Badajoz, Porto, Lisbonne, Valencia de Alcantara, Caceres, Talavera-de-la-Reina, Madrid, Tolède, Aranjuez, Madrid, Escurial, Avila, Zamora, Salamanque, Médina, Valladolid, Santander, Burgos, Bilbao, St-Sébastien, Irun, Bayonne, Bordeaux, Tours, Paris. — *Validité* : 70 jours. (En Espagne et en Portugal 60 jours). — **2e cl.** : 333 fr. 50.

35. — Paris à Cette (*viâ* Clermont-Ferrand ou *viâ* Dijon-Lyon, avec faculté de passage par Marseille), Perpignan, Cerbère, Barcelone, Tarragone, Sagunto, Valence, La Encina, Cordoue, Séville, Xérès, Cadix, Utréra, La Roda, Grenade, Bobadilla, Malaga, Cordoue, Belmez, Badajoz, Porto, Lisbonne, Valencia de Alcantara, Caceres, Talevera-de-la-Reina, Madrid, Tolède, Aranjuez, Madrid, Tolède, Aranjuez, Madrid, Escurial, Avila, Zamora, Salamanque, Médina, Valladolid, Santander, Burgos, Bilbao, St-Sébastien, Irun, Bayonne, Bordeaux, Tours, Paris. — *Validité* : 85 jours (En Espagne et en Portugal 75 jours). — **2e cl.** : 404 fr. 80.

36. — Lyon, Valence, Avignon, Nîmes, Cette, Toulouse, Pau, Bayonne.

En Espagne : les villes comprises dans le 32e itinéraire.

Cerbère, Cette, Nîmes, Avignon, Valence, Lyon. — *Validité* : 45 jours (En Espagne 35 jours). — **2e cl.** : 225 fr.

37. — Lyon, Valence, Avignon, Nîmes, Cette, Toulouse, Pau, Bayonne.

En Espagne : les villes comprises dans le 33e itinéraire.

Cerbère, Cette, Nîmes, Avignon, Valence, Lyon. — *Validité* : 65 jours (En Espagne 55 jours). — **2e cl.** : 318 fr. 70.

38. — Lyon, Valence, Avignon, Nîmes, Cette, Toulouse, Pau, Bayonne.

En Espagne et en Portugal : les villes comprises dans le 34e itinéraire.

Cerbère, Cette, Nîmes, Avignon, Valence, Lyon. — *Validité* : 70 jours (En Espagne et en Portugal 60 jours). — **2e cl.** : 314 fr. 70.

39. — Lyon, Valence, Avignon, Nîmes, Cette, Toulouse, Pau, Bayonne.

En Espagne et en Portugal : les villes comprises dans le 35e itinéraire.

Cerbère, Cette, Nîmes, Avignon, Valence, Lyon. — *Validité* : 85 jours (En Espagne et en Portugal 75 jours). — **2e cl.** : 386 fr.

40. — Marseille, Cette (*viâ* Tarascon ou Arles), Toulouse, Pau, Bayonne.

En Espagne : les villes comprises dans le 32e itinéraire.

Cerbère, Cette, Nîmes, Marseille (*viâ* Lunel ou Tarascon). — *Validité* : 45 jours (En Espagne 35 jours). — **2e cl.** : 205 fr. 75.

41. — Marseille, Cette (*viâ* Tarascon ou Arles), Toulouse, Pau, Bayonne.

En Espagne : les villes comprises dans le 33e itinéraire.

Cerbère, Cette, Nîmes, Marseille (*viâ* Lunel ou Tarascon). — *Validité* : 65 jours (En Espagne 55 jours). — **2e cl.** : 299 fr. 45.

42. — Marseille, Cette (*viâ* Tarascon ou Arles), Toulouse, Pau, Bayonne.

En Espagne et en Portugal : les villes comprises dans le 34e itinéraire.

Cerbère, Cette, Nîmes, Marseille (*viâ* Lunel ou Tarascon). — *Validité* : 70 jours (En Espagne et en Portugal 60 jours). — **2e cl.** : 295 fr. 45.

43. — Marseille, Cette (*viâ* Tarascon ou Arles), Toulouse, Pau, Bayonne.

En Espagne et en Portugal : les villes comprises dans le 35e itinéraire.

Cerbère, Cette, Nîmes, Marseille (*viâ* Lunel ou Tarascon). — *Validité* : 85 jours (En Espagne et en Portugal 75 jours). — **2e cl.** : 366 fr. 75.

51. — Paris, Marseille (*viâ* Dijon-Lyon ou *viâ* Clermont-Ferrand-Nîmes).

Alger, Dellys, Bougie, Djidjelly, Collo, Philippeville, Constantine, Bône, Ajaccio (facultatif).

Marseille-Paris (*viâ* Lyon-Dijon ou *viâ* Nîmes-Clermont-Ferrand). — *Validité* : 90 jours. — **2e cl.** : 237 fr.

52. — Paris-Marseille (*viâ* Dijon-Lyon ou *viâ* Clermont-Ferrand-Nîmes).

Oran, Alger, Dellys, Bougie, Djidjelly, Collo, Philippeville, Constantine, Bône, Ajaccio (facultatif).

Marseille-Paris (*viâ* Lyon-Dijon ou *viâ* Nîmes-Clermont-Ferrand). — *Validité* : 90 jours. — **2e cl.** : 265.

53. — Paris-Marseille (*viâ* Dijon-Lyon ou *viâ* Clermont-Ferrand-Nîmes).

Alger, Oran, Dellys, Bougie, Djidjelly, Collo, Philippeville, Constantine, Bône, Ajaccio (facultatif).

Marseille-Paris (*viâ* Lyon-Dijon ou *viâ* Nîmes-Clermont-Ferrand). — *Validité* : 90 jours. — **2e cl.** : 279 fr.

54. — Paris-Marseille (*viâ* Dijon-Lyon ou *viâ* Clermont-Ferrand-Nîmes).

Alger, Dellys, Bougie, Djidjelly, Collo, Philippeville, Constantine, Guelma, Bône, La Goulette (ou Bône-Tunis).

Marseille-Paris (*viâ* Lyon-Dijon ou *viâ* Nîmes-Clermont-Ferrand). — *Validité* : 90 jours. — **2e cl.** : 302 fr.

55. — Paris-Marseille (*viâ* Lyon-Dijon ou *viâ* Clermont-Ferrand-Nîmes).

Oran, Alger, Dellys, Bougie, Djidjelly, Collo, Philippeville, Constantine, Guelma, Bône, La Goulette (ou Bône-Tunis), Malte, Messine, Palerme, Naples, Rome, Gênes, Marseille, Paris (*viâ* Lyon-Dijon ou Nîmes-Clermont-Ferrand). — *Validité* : 90 jours. — **2e cl.** : 375 fr.

56. — Paris-Marseille (*viâ* Dijon-Lyon ou *viâ* Clermont-Ferrand-Nîmes).

Alger, Oran, Carthagène, Valence, Tarragone, Barcelone, Cerbère.

Cette-Paris (*viâ* Nîmes-Lyon-Dijon ou Nîmes-Clermont-Ferrand). — *Validité* 90 jours. — **2e cl.** : 235 fr.

57. — Paris-Marseille (*viâ* Dijon-Lyon ou *viâ* Clermont-Ferrand).

Alger, Oran, Carthagène, Séville, Cadix, Malaga, Grenade, Cordoue, Madrid, Saragosse, Barcelone, Cerbère.

Cette-Paris (*viâ* Nîmes-Lyon-Dijon ou Nîmes-Clermont-Ferrand). — *Validité* : 90 jours. — **2e cl.** : 384 fr.

58. — Paris-Marseille (*viâ* Dijon-Lyon ou *viâ* Clermont-Ferrand-Nîmes).

Alger, Oran, Carthagène, Madrid, Irun.

Bayonne, Bordeaux, Tours, Paris. — *Validité* : 90 jours. — **2e cl.** : 245 fr.

59. — Paris-Marseille (*viâ* Dijon-Lyon ou *viâ* Clermont-Ferrand-Nîmes).

Alger, Oran, Carthagène, Séville, Cadix, Malaga, Grenade, Cordoue, Madrid, Irun.

Bayonne, Bordeaux, Tours, Paris. *Validité* : 90 jours. — **2e cl.** : 360 fr.

60. — Paris-Marseille (*viâ* Dijon-Lyon ou *viâ* Clermont-Ferrand-Nîmes).

Alger, Oran, Malaga, Gibraltar, Tanger, Malaga, Grenade, Cadix, Séville, Cordoue, Madrid, Saragosse, Barcelone, Cerbère.

Cette-Paris (*viâ* Nîmes-Lyon-Dijon ou Nîmes-Clermont-Ferrand). — *Validité* : 90 jours. — **2e cl.** : 382 fr.

61. — Paris-Marseille (*viâ* Dijon-Lyon ou *viâ* Clermont-Ferrand-Nîmes).

Alger, Oran, Malaga, Gibraltar, Tanger, Malaga, Grenade, Cadix, Séville, Cordoue, Madrid, Irun.

Bayonne, Bordeaux, Tours, Paris. — *Validité* : 90 jours. — **2e cl.** : 358 fr.

62. — Paris-Marseille (*viâ* Dijon-Lyon ou *viâ* Clermont-Ferrand-Nîmes).

Alger, Dellys, Bougie, Djidjelly, Collo, Philippeville, Constantine, Kroubs, Bône, La Goulette (ou Bône-Tunis), Malte, Messine, Palerme, Naples, Livourne, Gênes.

Marseille-Paris (*viâ* Lyon-Dijon ou Nîmes-Clermont-Ferrand). — *Validité* : 90 jours. — **2e cl.** : 346 fr.

63. — Bordeaux-Saint-Jean, Port-Vendres, Alger, Philippeville, Constantine, Philippeville, Bône, Marseille, Cette, Bordeaux-Saint-Jean. — *Validité* : 90 jours. — **2e cl.** : 205 fr.

64. — Bordeaux-Saint-Jean, Port-Vendres, Alger, Philippeville, Constantine, Philippeville, Bône, La Goulette, Marseille, Cette, Bordeaux-Saint-Jean. — *Validité* : 90 jours. — **2e cl.** : 262 f.

67. — Alger, Oran, Philippeville ou Bône à Vichy et retour (*sans réciprocité*).

Itinéraire :

Marseille, Vichy, Marseille, *viâ* Lyon, Tarare, Saint-Germain-des-Fossés (ou Saint-Etienne, Thiers) ou *viâ* Nîmes, Saint-Germain-des-Fossés (ou Clermont-Ferrand, Courty). — *Validité* : 45 jours. — **2e cl.** : 150 fr.

68. — Tunis (La Goulette) à Vichy et retour (*sans réciprocité*).

Itinéraire :

Marseille, Vichy, Marseille, *viâ* Lyon, Tarare, Saint-Germain-des-Fossés (ou Saint-Etienne, Thiers) ou *viâ* Nîmes, Saint-Germain-des-Fossés (ou Clermont-Ferrand, Courty). — *Validité* : 45 jours. — **2e cl.** : 220 fr.

71. — Lyon, Paris, Lille, Ostende, Bruxelles, Anvers, Amsterdam, Spa, Cologne, Francfort, Bâle, Zurich, Genève, Lyon. — *Validité* : 45 jours. — **2e cl.** : 191 fr.

72. — Lyon, Paris, Reims, Bruxelles, Amsterdam, Spa, Cologne, Francfort, Bâle, Zurich, Genève, Lyon. — *Validité* : 45 jours. — **2e cl.** : 188 fr.

73. — Lyon, Paris, Lille, Ostende, Bruxelles, Amsterdam, Cologne, Spa, Nancy, Delle, Bâle, Zurich, Genève, Lyon. — *Validité* : 45 jours. — **2e cl.** : 189 fr.

74. — Marseille, Paris, Lille, Ostende, Bruxelles, Amsterdam, Spa, Cologne, Francfort, Bâle, Zurich, Genève, Marseille. — *Validité* : 45 jours. — **2e cl.** : 219 fr.

75. — Marseille, Paris, Reims, Bruxelles, Amsterdam, Spa, Cologne, Francfort, Bâle, Zurich, Genève, Marseille. — *Validité* : 45 jours. — **2e cl.** : 216 fr.

76. — Marseille, Paris, Lille, Ostende, Bruxelles, Amsterdam, Cologne, Spa, Nancy, Delle, Bâle, Zurich, Genève, Marseille. — *Validité* : 45 jours. — **2e cl.** : 217 fr.

81. — Marseille, Lyon, Genève, Berne, Interlaken, Lucerne, Olten, Bâle, Délémont, Bienne, Genève, Grenoble, Marseille. — *Validité* : 45 jours. — **2e cl.** : 106 fr.

82. — Marseille, Lyon, Genève, Berne, Thoune, Bienne, Neuchâtel, Genève, Grenoble, Marseille. — *Validité* : 45 jours. — **2e cl.** : 85 fr.

83. — Marseille, Grenoble, Genève, Berne, Interlaken, Lucerne, Zurich, Coire, Saint-Gall, Constance, Zurich, Bâle, Délémont, Bienne, Neuchâtel, Dijon, Lyon, Marseille. — *Validité* : 60 jours. — **2e cl.** : 134 fr.

84-1 (**A**). — Paris, Marseille (*viâ* Dijon, Lyon ou *viâ* Clermont-Ferrand, Nîmes), Cette, Vintimille, Gênes, Alexandrie, Turin, Modane, Culoz, Mâcon, Dijon, Paris. — **2e cl.** : 139 fr. 25.

84-2 (**A**). — De Paris à Vintimille comme l'itinéraire 84-1 (A). — Vintimille, Gênes, Alexandrie, Milan, Turin, Modane. De Modane à Paris comme l'itinéraire 84-1 (A). — **2e cl.** : 148 fr. 80.

84-3 (**A**). — De Paris à Vintimille comme l'itinéraire 84-1 (A). — Vintimille, Gênes, Pise, Livourne, Empoli, Florence, Bologne, Venise, Milan, Turin, Modane.
De Modane à Paris comme l'itinéraire 84-1 (A). — **2e cl.** : 188 fr. 75.

84-4 (**A**). — De Paris à Vintimille comme l'itinéraire 84-1 (A). — Vintimille, Gênes, Pise, Livourne, Civita-Vecchia (passage facultatif par Colle-Salvetti), Rome (ou Livourne, Empoli, Sienne, Rome), Florence (ou bien Rome, Orte, Foligno, Florence), Bologne, Venise, Milan, Turin, Modane.
De Modane à Paris comme l'itinéraire 84-1 (A). — **2e cl.** : 226 fr. 85.

84-5 (**A**). — De Paris à Vintimille comme l'itinéraire 84-1 (A). — Vintimille, Gênes, Pise, Livourne, Civita-Vecchia (passage facultatif par Colle-Salvetti), Rome (ou Livourne, Empoli, Sienne, Rome), Naples, Rome, Florence (ou bien Rome, Orte, Foligno, Florence), Bologne, Venise, Milan, Turin, Modane.
De Modane à Paris comme l'itinéraire 81-1 (A). — **2e cl.** : 259 fr. 55.

84-6 (**A**). — De Paris à Vintimille comme l'itinéraire 84-1 (A). — Vintimille, Gênes, Pise, Lucques, Florence, Empoli, Livourne, Civita-Vecchia (passage facultatif par Colle-Salvetti), Rome (ou bien Florence, Chiusi, Rome), Naples, Ancône, Bologne, Venise, Milan, Turin, Modane.
De Modane à Paris comme l'itinéraire 84-1 (A). — **2e cl.** : 263 fr.

84-7 (**A**). — De Paris à Vintimille comme l'itinéraire 84-1 (A). — Vintimille, Gênes, Pise, Lucques, Florence, Empoli, Livourne, Civita-Vecchia (passage facultatif par Colle-Salvetti), Rome (ou bien Florence, Chiusi, Rome), Orte, Foligno, Ancône, Loreto, Ancône, Castel-Bolognese, Ravenne, Castel-Bolognese, Bologne, Venise, Milan, Turin, Modane.

De Modane à Paris comme l'itinéraire 84-1 (A). — **2e cl.** : 242 fr. 95.

84-8 (A). — De Paris à Vintimille comme l'itinéraire 84-1 (A). — Vintimille, Gênes, Pise, Lucques, Florence, Empoli, Livourne, Civita-Vecchia (passage facultatif par Colle-Salvetti), Rome (ou bien Florence, Chiusi, Rome), Naples, Palerme, Catane, Messine, Reggio di Calabria, Tarente, Bari, Foggia, Ancône, Bologne, Venise, Milan, Turin, Modane.

De Modane à Paris comme l'itinéraire 84-1 (A). — **2e cl.** : 345 fr. 45.

85-1 (A). — Paris, Cette, Marseille (*viâ* Dijon, Lyon ou *viâ* Clermont-Ferrand, Nîmes), Vintimille.

En Italie : Les villes comprises dans l'itinéraire 84-1 (A). Modane, Culoz, Genève, Lausanne, Fribourg, Berne, Bienne, Neuchâtel, Pontarlier, Besançon, Dijon, Paris. — **2e cl.** : 151 fr. 65.

85-2 (A). — De Paris à Vintimille comme l'itinéraire 85-1 (A).

En Italie : Les villes comprises dans l'itinéraire 84-2 (A).

De Modane à Paris comme l'itinéraire 85-1 (A). — **2e cl.** : 161 fr. 20.

85-3 (A). — De Paris à Vintimille comme l'itinéraire 85-1 (A).

En Italie : Les villes comprises dans l'itinéraire 84-3 (A).

De Modane à Paris comme l'itinéraire 85-1 (A). — **2e cl.** : 201 fr. 15.

85-4 (A). — De Paris à Vintimille comme l'itinéraire 85-1 (A).

En Italie : Les villes comprises dans l'itinéraire 84-4 (A).

De Modane à Paris comme l'itinéraire 85-1 (A). — **2e cl.** : 239 fr. 25.

85-5 (A). — De Paris à Vintimille comme l'itinéraire 85-1 (A).

En Italie : Les villes comprises dans l'itinéraire 84-5 (A).

De Modane à Paris comme l'itinéraire 85-1 (A). — **2e cl.** : 271 fr. 95.

85-6 (A). — De Paris à Vintimille comme l'itinéraire 85-1 (A).

En Italie : Les villes comprises dans l'itinéraire 84-6 (A).

De Modane à Paris comme l'itinéraire 85-1 (A). — **2e cl.** : 275 fr. 40.

85-7 (A). — De Paris à Vintimille comme l'itinéraire 85-1 (A).

En Italie : Les villes comprises dans l'itinéraire 84-7 (A).

De Modane à Paris comme l'itinéraire 85-1 (A). — **2e cl.** : 255 fr. 35.

86-1 (A). — Paris, Cette, Marseille (*viâ* Dijon, Lyon ou *viâ* Clermont-Ferrand, Nîmes), Vintimille.

En Italie : Les villes comprises dans l'itinéraire 84-1 (A).

Modane, Genève, Lausanne, Neuchâtel (ou Fribourg, Berne), Bienne, Délémont, Belfort, Chaumont, Paris. — **2e cl.**: 149 fr. 10.

86-7 (**A**). — De Paris à Vintimille comme l'itinéraire 86-1 (A).

En Italie : Les villes comprises dans l'itinéraire 84-7 (A).

De Modane à Paris comme l'itinéraire 86-1 (A). — **2e cl.**: 252 fr. 80.

87-1 (**B**). — Paris, Cette, Marseille (*viâ* Dijon, Lyon ou *viâ* Clermont-Ferrand, Nîmes Vintimille).

Vintimille, Gênes, Turin, Novare, Milan, Chiasso (ou Sesto-Calende, Luino).

Chiasso (ou Pino), Lucerne, Stein (ou Olten), Bâle, Mulhouse (ou Delle), Belfort, Chaumont, Paris. — **2e cl.**: 154 fr. 55.

8-2 (**B**). — De Paris à Vintimille comme l'itinéraire 57-1 (B). Vinmille, Gênes, Pise, Livourne, Pise, Empoli, Florence, Bologne, Plaisance, Milan, Chiasso (ou Sesto-Calende, Luino).

De Chiasso (ou Pino) à Paris comme l'itinéraire 87-1 (B). — **2e cl.**: 176 fr. 10.

87-3 (**B**). — De Paris à Vintimille comme l'itinéraire 87-1 (B).

De Vintimille à Milan, comme l'itinéraire 84-3 (A), Milan-Chiasso (ou Sesto-Calende, Luino).

De Chiasso (ou Pino) à Paris comme l'itinéraire 8-71 (B). — **2e cl.** : 188 fr. 85,

88-1 (**E**). — Paris, Dijon, Mâcon (ou Clermont-Ferrand, Saint-Etienne), Lyon, Grenoble, Modane.

Modane, Turin, Novare, Milan, Chiasso (ou Sesto-Calende, Luino).

Chiasso (ou Pino), Lucerne, Stein (ou Olten), Bâle, Mulhouse (ou Delle), Belfort, Chaumont. — **2e cl.** : 121 fr. 75.

88-3 (**E**). — De Paris à Modane comme l'itinéraire 88-1 (E).

Modane, Turin, Alexandrie, Gênes. — De Gênes à Chiasso (ou Luino) comme l'itinéraire 87-2 (B).

De Chiasso (ou Pino) à Paris comme l'itinéraire 88-1 (E). — **2e cl.** : 163 fr. 65.

88-2 (**E**). — De Paris à Modane comme l'itinéraire 88-1 (E).

Modane, Turin, Alexandrie, Gênes. — De Gênes à Chiasso (ou Luino) comme l'itinéraire 87-3 (B).

De Chiasso (ou Pino) à Paris comme l'itinéraire 88-1 (E). — **2e cl.** : 176 fr. 30.

89-1. (**A**). — Genève (*viâ* Ambérieu, Lyon, Avignon ou Culoz, *viâ* Grenoble, Aix), Marseille, Vintimille, Gênes, Alexandrie, Turin, Modane, Aix-les-Bains, Genève. — **2e cl.** : 85 fr. 35.

89-2 (A). — Genève à Vintimille, comme l'itinéraire 89-1 (A). *En Italie :* Les villes comprises dans l'itinéraire 84-2 (A), Modane, Aix-les-Bains, Genève. — **2e cl.** : 94 fr. 90.

89-3 (A) — Genève à Vintimille, comme l'itinéraire 89-1 (A). *En Italie :* Les villes comprises dans l'itinéraire 84-3 (A), Modane, Aix-les-Bains, Genève. — **2e cl.** : 134 fr. 85.

CONDITIONS GÉNÉRALES DES BILLETS D'EXCURSIONS

(Voir, en outre, les conditions particulières.)

Billets. — Le billet, pour être valable, doit porter le timbre à date de la gare de départ et la signature du titulaire. Il est personnel et ne peut être transféré.

Le voyageur est tenu de représenter à toute réquisition des agents des chemins de fer son billet complet, sauf les coupons correspondant au trajet déjà effectué. Il est tenu, en outre, de donner sa signature chaque fois qu'elle est lui demandée.

Tout coupon isolé est considéré comme nul et retiré si le voyageur ne peut représenter, en même temps, les autres parties du billet qui doivent rester entre ses mains, y compris la couverture qui porte son nom, sa signature et la date de laquelle part la durée de la validité du billet.

Le voyageur qui passerait d'une classe inférieure à une classe supérieure sera tenu de payer la différence entre les prix des deux classes au tarif plein.

Validité. — Les billets sont valables pendant la durée qu'ils indiquent, c'est-à-dire qu'un voyageur porteur d'un billet valable pendant 45 jours, et délivré, par exemple, dans la journée du 15 août, devra être rentré à son point de départ, à minuit, au plus tard, le 26 septembre.

Toutefois, pour les billets des voyages circulaires intéressant le réseau P.-L.-M. seul, le jour du départ ne devra pas être compté dans la durée de validité des billets.

L'échéance de la validité ne peut être prolongée ni pour cause de maladie, ni pour tout autre motif.

Tout billet dont le délai de validité est expiré cesse d'être valable et doit être retiré ; il ne donne droit à aucune compensation pour les parcours restant à effectuer.

Enfants. — Au dessous de 3 ans, les enfants ne paient rien, à condition d'être portés sur les genoux des personnes qui les accompagnent.

Au dessus de 3 ans, ils paient place entière, sauf dans les voyages portant les n°s 2 et 8 à 31, où les enfants de 3 à 7 ans paient demi-place et ont droit à une place distincte ; toutefois, dans un même compartiment, deux enfants ne peuvent occuper que la place d'un voyageur.

Bagages. — Moyennant la taxe de 0 fr. 10 c. par enregistrement, les voyageurs ont droit, sur les réseaux français, algériens et espagnols, au transport gratuit de 30 kil. de bagages par billet entier. (Voir les exceptions dans les conditions particulières.)

Pour les voyages qui prévoient des billets de demi-place pour les enfants de 3 à 7 ans, le transport gratuit par demi-place est de 20 kilog.

Pour chaque partie du parcours en chemin de fer, les bagages sont enregistrés à chaque point de départ, pour la gare à laquelle le voyageur déclare vouloir s'arrêter sur la partie de l'itinéraire restant à parcourir.

En cas de séjour des bagages dans l'une des gares du parcours autorisé, il est dû les frais accessoires de dépôt, conformément aux tarifs généraux des Compagnies.

Le voyageur est tenu d'assister, en personne, à la visite de ses bagages aux frontières. Les Compagnies déclinent, à cet égard, toute responsabilité.

Trains. — Tous les trains transportant des voyageurs de même classe à plein tarif sont à la disposition des voyageurs porteurs de billets circulaires, dans les conditions, toutefois, portées à la connaissance du public dans l'affiche de la marche des trains de chacune des Compagnies intéressées.

Itinéraires. — Les voyageurs peuvent suivre à leur gré l'itinéraire dans l'*ordre inverse* de celui indiqué. Toutefois, ce sens ne peut être modifié pendant le cours du voyage.

Les voyageurs peuvent également ne pas effectuer tous les parcours détaillés par les coupons de leurs billets (c'est-à-dire ne pas s'arrêter aux gares d'arrêt portées sur ces coupons), et se rendre directement, en suivant le sens général de l'itinéraire, sur les seuls points où ils veulent s'arrêter ou séjourner.

Il n'est rien remboursé pour les parcours abandonnés.

Tout parcours non prévu dans l'itinéraire doit être payé à part, sans aucune compensation avec les parcours abandonnés.

Arrêts. — D'une manière générale, le voyageur a le droit de s'arrêter à toutes les gares indiquées sur les coupons du billet.

Sur les réseaux français, algériens, espagnols, portugais. suisses et italiens il peut, en outre, s'arrêter à toutes les gares desservies par les trains.

Toutefois, le voyageur doit satisfaire aux conditions suivantes :

a) Sur les réseaux P.-L.-M., Orléans, Midi, et sur les chemins espagnols et portugais, faire apposer, à l'arrivée, sur une des cases disposées à cet effet, le timbre de la gare où il s'arrête ;

b) Sur les réseaux du Nord et de l'Est, déposer son billet à la gare où il s'arrête. Ce billet lui sera rendu au moment où il reprendra son voyage.

c) Sur les chemins italiens, faire apposer, au moment du départ, le timbre de la gare dans une des cases de son billet.

Les billets sont délivrés :

A la gare de Paris, boulevard Diderot ; dans les bureaux succursales : rue de Rambuteau, 6 ; rue de Rennes, 45 ; rue du Bouloi, 4 ; rue Saint-Lazare, 88 ; rue des Petites-Ecuries, 11 ; rue Saint-Martin, 252 ; place de la République, 8 ; rue Sainte-Anne, 4, 6, 9, et rue Molière, 7 ; rue Etienne-Marcel, 18 ; à l'Agence Lubin, boulevard Haussmann, 36 ; à l'Agence Cook et fils, rue Scribe, 9 ; au Grand-Hôtel, boulevard des Capucines ; à l'Agence des Wagons-Lits, rue Scribe, 2 ; à l'Agence Gaze et fils, rue Scribe, 7, et rue Duphot, 8 ; et dans toutes les gares P.-L.-M. situées sur l'itinéraire à parcourir, à la condition que la demande en sera faite 48 heures à l'avance.

CONDITIONS PARTICULIÈRES

Itinéraires. — Sur le réseau P.-L.-M., le voyageur peut se rendre directement, en suivant le sens général adopté par lui, d'un point de l'itinéraire à un autre, par une ligne du réseau P.-L.-M. **plus courte** que celle qui figure dans l'itinéraire entre ces deux points, à condition :

1° D'informer le chef de la gare à laquelle il interrompt son voyage, pour que celui-ci inscrive sur le billet l'autorisation suivante :

Bon pour reprendre à... le voyage interrompu à...

2° D'abandonner son droit au parcours non effectué :

3° De ne pas parcourir deux fois la même section de ligne, à l'exception des sections qui figurent deux fois dans l'itinéraire.

Validité. — La durée des voyages **P.-L.-M.** nos 2, 8, 8 *bis* et 9 à 31 peut être prolongée *une* ou *plusieurs fois d'une période égale à celle de la durée primitive. Chaque période* de prolongation part de l'expiration de la période précédente et donne lieu à la perception d'un supplément de dix pour cent (10 %).

1° Voyages 51 à 68, P.-L.-M., Cie Générale Transatlantique.

Billets. — Aucune réduction n'est faite sur les prix des billets.

Les frais de la nourriture des passagers à bord des paquebots-poste sont compris dans les prix des billets.

Les passagers ont le droit de s'arrêter dans les ports desservis, mais, dans chaque port, ils sont tenus d'informer le plus longtemps possible d'avance les agents de la Compagnie Transatlantique de la date qu'ils ont fixée pour leur départ. De plus, en faisant viser leur billet, ils doivent retenir leur couchette.

Les domestiques accompagnant des passagers de 1re classe ne sont admis à bord qu'en 2e classe. Ils ne peuvent rester dans les 1res classes, pour le service de leurs maitres, que le temps rigoureusement nécessaire. Ils ne peuvent, non plus, prendre leurs repas à la table commune des passagers de 2me classe.

Validité. — En ce qui concerne les voyages nos 51, 52, 53, 54 et 62, la durée du voyage peut être prolongée une ou plusieurs fois d'une période d'un mois.

La durée des voyages 67 et 68 peut être prolongée une ou plusieurs fois d'une période de quinze jours.

Chaque période de prolongation part de l'expiration de la période précédente et donne lieu à la perception d'un supplément de dix pour cent (10 %).

Bagages. — Les bagages doivent être enregistrés, au départ de chaque port, pour celui des ports situés sur l'itinéraire où le passager a l'intention de s'arrêter. Toutefois, la Compagnie Transatlantique peut, à la demande du passager, enregistrer directement des bagages :

1° Au départ de Paris pour Alger, Dellys, Bougie, Djidjelly, Collo, Philippeville, lorsque le voyageur doit suivre la voie directe Paris-Marseille-Alger, ou pour La Goulette, Bizerte, La Calle, Bône (*voyage n° 54*), lorsque le voyageur doit suivre la voie directe Paris-Marseille La Goulette.

2° Au départ de ces ports pour Paris, lorsque le voyageur doit suivre la voie directe Alger-Marseille-Paris ou La Goulette-Marseille-Paris.

Tout colis doit porter en caractères très apparents le nom du passager et sa destination.

Il est interdit aux passagers de remettre comme bagages des marchandises et des objets autres que ceux servant à leur usage personnel.

La Compagnie Transatlantique ne répond pas des bagages non enregistrés.

Elle ne répond pas, non plus, des espèces; bijoux et autres objets précieux qui n'auraient pas été déclarés au commissaire du bord et déposés entre ses mains. Ces objets sont taxés comme valeur.

Les passagers de 1re classe ont droit, à bord des paquebots-poste, à une franchise de 100 kilogrammes ; ceux de 2e classe à 60 kilogrammes. Les excédants sont taxés suivant les tarifs de la Compagnie Générale Transatlantique.

2° Voyages 55, 84 à 89.

Billets. — En Italie, les voyageurs qui cèdent leurs billets ou ceux qui s'en servent illégalement, sont passibles des pénalités édictées par l'article 65 du règlement de police et de sûreté des chemins de fer, approuvé par décret royal du 31 octobre 1873.

En cas de perte du billet, d'interruption ou d'abandon du voyage pour une cause quelconque (maladie, etc.), qui ne permettrait pas au voyageur de continuer son voyage, les Compagnies ne sont tenues à aucun remboursement pour les parcours restant à effectuer.

Les voyageurs qui passeraient d'une classe inférieure à une classe supérieure seront tenus de payer la différence entre le prix des deux classes au Tarif plein.

Validité. — Passé le délai de validité, le billet n'étant plus valable devra être retiré, et le voyageur sera tenu de payer le prix de sa place d'après les Tarifs en vigueur.

3° Voyages 4 *bis*, 4 *ter*, 55, 71 à 76, 81 à 83, 84 à 89.

Bagages. — Voyages 4 *bis* et **4** *ter*. — Le voyageur a droit au transport gratuit de 25 kilog. de bagages.

Voyages 71 à 76. — Sur les parcours suisses, il n'y a pas de franchise de bagages.

Sur les autres chemins, le voyageur a droit au transport gratuit de 25 kil. de bagages par billet.

Voyages 81 à 83. — Il n'est fait aucune réduction sur les chemins de fer suisses.

Il est accordé une franchise de 10 kilog. de bagages sur les Postes-Suisses.

Voyages 55, 84 à 89. — Il n'est accordé aucune franchise de bagages.

4° Voyages 55, 84 à 89.

Itinéraires. — Sur les parcours italiens, le voyageur qui voudrait se rendre d'une gare à une autre, comprise dans l'itinéraire de son voyage, par un itinéraire plus direct, trajet qu'il effectuerait, toutefois, à ses frais, doit en informer le chef de la gare à laquelle il interrompt son voyage, pour que celui-ci inscrive sur le billet l'autorisation suivante :

Bon pour reprendre à la gare de... le voyage interrompu à...

Arrêts. — *Parcours italiens.* — Au moment où il commence son voyage en Italie, ainsi que chaque fois qu'il veut le continuer après un arrêt, le voyageur doit présenter son billet au guichet de la gare de départ, en déclarant la localité où il entend se rendre, pour y faire indiquer le nom de cette localité.

Si un voyageur, après avoir choisi une gare comme il est dit ci-dessus, veut s'arrêter dans une des autres gares intermédiaires, il doit en aviser le chef de cette gare, pour que ce dernier indique le changement survenu dans la destination.

Le voyageur qui négligerait cette formalité et qui, après l'arrêt irrégulier, continuerait son voyage, sera tenu de payer la triple taxe du montant du billet à plein tarif pour le parcours effectué depuis la dernière gare de départ dont le visa aura été apposé sur le billet.

COMPAGNIES D'ORLÉANS, DU MIDI ET DE L'ÉTAT

Voyages circulaires de Vacances

A Itinéraires au gré des Voyageurs.

La Compagnie délivre chaque année, pour la saison des vacances, du 10 juillet au 15 octobre, des billets à prix réduits de voyages circulaires à itinéraires au gré des voyageurs.

L'itinéraire est établi par le voyageur lui-même.

Il doit former un circuit fermé, suivi toujours dans le même sens et ramenant le voyageur à la gare de départ sans le faire repasser par des portions de ligne déjà parcourues.

A ce circuit peuvent être ajoutées des parties de ligne formant impasse et se rattachant au circuit, à la condition qu'elles soient parcourues dans les deux sens.

Le point de départ peut être situé sur une de ces impasses.

L'itinéraire doit être exactement suivi tel qu'il a été établi. Toutefois, le voyageur peut abandonner certains parcours, mais il ne lui est rien remboursé pour les parcours abandonnés et tout parcours non prévu dans l'itinéraire doit être payé au tarif ordinaire, sans compensation avec les parcours abandonnés.

Il doit avoir un parcours total d'au moins 300 kilomètres.

Le prix du voyage circulaire est fixé à raison du parcours total effectué d'après le tableau ci-dessous, dont les prix comportent une réduction de 20 à 55 % sur ceux du cahier des charges.

Le parcours total d'un itinéraire s'obtient par l'addition des longueurs de chacun des parcours compris dans l'itinéraire choisi. La longueur des portions de ligne parcourues deux fois est comptée pour son double dans le parcours.

Toutefois, si une ou plusieurs parties de ligne sont parcourues deux fois, le prix du voyage circulaire ne peut être inférieur au double du prix du trajet entre les deux gares les plus distantes de l'itinéraire, calculé au tarif général.

Le tableau ci-dessous donne les prix réduits à percevoir.

PARCOURS		2e cl.	3e cl.	PARCOURS		2e cl.	3e cl.
Jusqu'à 300 kilom.		22 »	16 »	1101	1200	80 »	59 »
301 à	325	24 »	18 »	1201	1300	86 »	63 »
326	350	26 »	19 »	1301	1400	92 »	67 »
351	375	28 »	20 »	1401	1500	97 »	71 »
376	400	29 »	21 »	1501	1600	103 »	75 »
401	430	31 »	23 »	1601	1700	108 »	79 »
431	460	33 »	24 »	1701	1800	113 »	83 »
461	500	36 »	27 »	1801	1900	118 »	86 »
501	550	40 »	29 »	1901	2000	122 »	90 »
551	600	43 »	32 »	2001	2200	131 »	96 »
601	650	46 »	34 »	2201	2400	140 »	102 »
651	700	50 »	36 »	2401	2600	147 »	108 »
701	750	53 »	39 »	2601	2800	154 »	113 »
751	800	56 »	41 »	2801	3000	161 »	118 »
801	850	59 »	43 »	3001	3200	167 »	122 »
851	900	62 »	46 »	3201	3400	172 »	126 »
901	950	65 »	48 »	3401	3600	177 »	130 »
951	1000	69 »	50 »	3601	3800	182 »	134 »
1001	1100	75 »	55 »	3801	4000	187 »	138 »

CONDITIONS

Billets. — Les billets d'excursions sont personnels. Ils sont munis de coupons en quantité suffisante pour bien définir l'itinéraire à suivre.

Les voyageurs doivent représenter à toute réquisition des agents de la Compagnie leurs billets complets, sauf les coupons correspondant aux trajets déjà effectués. Ils sont tenus, en outre, de donner leur signature chaque fois qu'elle leur est demandée.

Tout coupon isolé est considéré comme nul et retiré si le voyageur ne peut représenter en même temps les autres parties du billet qui doivent rester entre ses mains, y compris la couverture qui porte son nom, sa signature, et la date de laquelle part la durée de la validité du billet.

Seront également considérés comme nuls, sans recours contre la Compagnie :

1° Tout billet, pris à l'avance, dont il n'aura pas été fait usage pendant sa durée légale ;

2° Tout billet dont le délai sera dépassé.

Dans ce dernier cas, le voyage ne pourra être continué qu'avec un nouveau billet délivré aux conditions ordinaires des tarifs, ou au moyen d'un autre billet circulaire.

Validité. — La durée de validité de ces billets est de :

30 jours pour des parcours inférieurs à 1,500 kilomètres ;
45 jours pour des parcours de 1,500 à 3,000 kilomètres ;
60 jours pour des parcours supérieurs à 3,000 kilomètres.
Non compris le jour du départ.

Un voyageur porteur d'un billet délivré, par exemple, dans la journée du 20 août devra être rentré à son point de départ, à minuit, au plus tard, dans la nuit :

Du 19 au 20 septembre, si le parcours total est inférieur à 1,500 kilomètres.

Du 3 au 4 octobre, si le parcours total est de 1,500 à 3,000 kilomètres.

Du 18 au 19 octobre, si le parcours total est supérieur à 3,000 kilomètres.

Enfants. — Au dessous de 3 ans, les enfants ne paient rien, à la condition d'être portés sur les genoux des personnes qui les accompagnent. De 3 à 7 ans, les enfants paient demi-place et ont droit à une place distincte ; toutefois, dans un même compartiment, deux enfants ne peuvent occuper que la place d'un voyageur. Au dessus de 7 ans, ils paient place entière.

Bagages. — Moyennant la taxe de 0,10 c. par chaque enregistrement, les voyageurs ont droit au transport gratuit de 30 kilogrammes de bagages par billet entier.

Le transport gratuit par demi-place est de 20 kilogrammes.

L'excédant de poids est taxé d'après les tarifs généraux de la Compagnie.

Les bagages sont transportés avec les voyageurs, et doivent être enregistrés à nouveau, après chaque arrêt facultatif. En cas de séjour des bagages dans l'une des gares du parcours autorisé, il sera dû les frais accessoires de dépôt, conformément au tarif général de la Compagnie.

Trains. — Les porteurs de billets circulaires de vacances sont admis dans les trains transportant des voyageurs de même classe que celle de leur billet à plein tarif et prenant régulièrement des voyageurs de cette classe à la station où montent les porteurs de billets circulaires.

Arrêts. — Le voyageur a la faculté de s'arrêter à toutes les gares desservies par les trains et situées sur l'itinéraire, mais il doit faire apposer, à l'arrivée, sur son billet, dans l'une des cases réservées à cet effet, le timbre de la gare où il s'arrête.

DEMANDES DE BILLETS

Les demandes de billets circulaires doivent être remises à la gare cinq jours, au moins, avant celui du départ. Chaque demande donne lieu à une consignation de 10 fr., laquelle sera acquise à la Compagnie, si le billet n'est pas retiré dix jours, au plus, près avoir été demandé.

On trouve des formules de demandes imprimées dans toutes les gares et bureaux de ville du réseau d'Orléans, du Midi et de l'État.

RÉSEAU D'ORLÉANS

NOMENCLATURE DES PARCOURS AVEC LEURS LONGUEURS

PARCOURS	
Paris à Nantes, Landerneau et embranchements.	
Paris à Brétigny	32 k.
Brétigny à Orléans	90
Orléans à Blois	59
Blois à Tours	57
Brétigny à Tours (p. Vendôme)	215
Tours à Angers	108
Angers à Nantes	88
Angers à La Flèche	49
Nantes à Savenay	40
Savenay à Questembert	71
Questembert à Auray	45
Auray à Rosporden	80
Rosporden à Quimper	21
Quimper à Landerneau	85
Orléans à Malesherbes	64
Orléans à Bellegarde-Quiers	51
Bellegarde-Quiers à Montargis	25
Bellegarde à Beaune-la-Rolan	14
Bellegarde aux Bordes	27
Orléans aux Bordes	41
Les Bordes à Gien	24
Les Bordes à Bourges	94
Tours à Aubigné	61
Aubigné au Mans	38
Aubigné à La Flèche	35
La Flèche à Verron	6
Verron à Sablé	28
Verron à La Suze	26
Nantes à Châteaubriant	64
Savenay à Saint-Nazaire	26

PARCOURS	
Saint-Nazaire à Escoublac-la-Baule	20 k.
Escoublac-la-Baule au Croisic	10
Escoublac à Guérande	7
Questembert à Ploermel	34
Auray à Pontivy	55
Auray à Quiberon	28
Rosporden à Concarneau	16
Quimper à Pont-l'Abbé	22
Quimper à Douarnenez	24
Tours à Bordeaux-Bastide et embranchements	
Tours à Port-de-Piles	94 k.
Port-de-Piles à Saint-Benoît	60
Saint-Benoît à Angoulême	109
Angoulême à Coutras	82
Coutras à Libourne	17
Libourne à Bordeaux-Bastide	36
Bordeaux à la Sauve	27
Tours à Villefranche-sur-Cher	88
Villefranche-sur-Cher à Vierzon (ville)	25
Villefranche-sur-Cher à Blois	57
Tours à Châteauroux (*via* Loches)	118
Port-de-Piles à Preuilly	35
Saint-Benoît à Mignaloux	7
Mignaloux à Montmorillon	43
Montmorillon au Dorat	30
Montmorillon à La Trimouille	18
Le Dorat à Bersac	37

PARCOURS	
Mignaloux à Chauvigny......	20 k.
Le Dorat à Limoges-Montjovis	37
Angoulême à Le Quéroy.....	16
Le Quéroy à Saillat.........	58
Saillat à Limoges-Montjovis..	45
Le Quéroy à Nontron.......	35
Saillat à Bussière-Galand....	45
Coutras à Périgueux........	76
Périgueux à Ribérac........	37
Libourne au Buisson.........	99

Orléans à Périgueux, Agen et embranchements.

Orléans à Vierzon-ville......	81 k.
Vierzon-ville à Châteauroux..	63
Châteauroux à Bersac.......	99
Bersac à St-Sulpice-Laurière.	6
St-Sulpice-Laurière à Limoges-Bénédictins..............	34
St-Sulpice-Laurière à Limoges-Montjovis...............	35
Limoges-Bénédictins à Nexon.	20
Nexon à Bussière-Galand	18
Bussière-Galand à Périgueux.	62
Périgueux à Niversac	11
Niversac au Buisson.........	47
Le Buisson à Siorac.........	7
Siorac à Monsempron-Libos..	45
Monsempron-Libos à Penne (Lot-et-Garonne)..........	17
Penne (Lot-et-Garonne) à Agen	27
Vierzon-ville à Marmagne ...	23
Marmagne à Montluçon.......	104
Bourges à Montluçon........	108
Marmagne à Bourges.........	9
Bourges à Saincaize.........	59
Châteauroux à Montluçon....	105
Saint-Sulpice-Laurière à Vieilleville..................	21

PARCOURS	
Vieilleville à Bourganeuf.....	20 k.
Vieilleville à Busseau-d'Ahun.	39
Busseau-d'Ahun à Felletin...	35
Busseau-d'Ahun à Montluçon-Ville..................	64
Montluçon-Ville à Commentry	14
Commentry à Doyet-la-Presle.	10
Doyet-la-Presle à Bézenet....	6
Bézenet à Moulins..........	59
Commentry à La Peyrouse...	18
La Peyrouse à Saint-Eloy....	10
La Peyrouse à Gannat.......	37
Limoges-Montjovis à Meymac.	101
Limoges-Bénédict. à Meymac.	99
Meymac à Eygurande	32
Eygurande à Clermont-Ferr..	86
Eygurande à Largnac........	49
Siorac à Cazoulès...........	50
Libos à Cahors..............	52
Cahors à Montauban (Ville-Bourbon)................	64
Penne à Villeneuve-sur-Lot...	10

Nexon à Toulouse et embranchements.

Nexon à Brive..............	83 k.
Brive à Figeac..............	90
Figeac à Capdenac..........	6
Capdenac à Lexos...........	66
Lexos à Tessonnières........	31
Tessonnières à Toulouse.....	58
Brive à Meymac	79
Brive à Niversac............	62
Capdenac à Viviez..........	16
Viviez à Decazeville........	6
Viviez à Rodez.............	52
Lexos à Montauban (Ville-B.).	67
Tessonnières à Albi........	17
Figeac à Arvant...........	171

NOMENCLATURE DES VOYAGES CIRCULAIRES OU D'EXCURSIONS

A Itinéraires fixes.

Les billets de ces voyages se délivrent pendant toute l'année, à l'exception des billets des voyages : 2 (Compagnie d'Orléans); 1, 2, 3, 4, 5, 6, 7, Compagnie du Midi, dont l'émission prend fin le 1er octobre (Voyage 2, Orléans), et le 31, 32, 33 et 34 (Midi). — 10 octobre (Voyages 1 à 7, Midi).

Les billets des voyages franco-algériens n°s 11, 12 et 13 (Orléans), sont délivrés exclusivement par la Compagnie générale Transatlantique dans ses bureaux et agences de France et d'Algérie. — Toutefois on peut également se procurer des billets des quatre derniers itinéraires dans toutes les gares des chemins de fer du Midi situées sur l'itinéraire à parcourir, en en faisant la demande 8 jours à l'avance au chef de la gare d'où l'on désire partir.

CHEMIN DE FER D'ORLÉANS

1. — Paris, Orléans, Blois, Tours, Saumur, Angers, Nantes, St-Nazaire, Le Croisic, Guérande, St-Nazaire, Nantes, Paimbœuf, Pornic, St-Gilles-Croix-de-Vie, les Sables-d'Olonne, Royan, La Grève, Blaye, Coutras, La Rochelle, Rochefort, Bordeaux-Bastide, Périgueux, Limoges, Aubusson, Mnotlaçon, Bourges, Vierzon, Orléans, Paris. — *Validité*: 30 jours. — **2e cl.**: 120 fr.

2. — Paris, Orléans, Tours, Angers, Nantes, Savenay, Guérande, Le Croisic, St-Nazaire, Pont-Château, Ploërmel, Quiberon, Auray, Concarneau, Pont-l'Abbé, Douarnenez, Landerneau, Brest, Roscoff, Lannion, Dinan, St-Malo, Rennes, Le Mans, Paris. — *Validité* : 30 jours. — **2e cl.** : 125 fr.

3. — Paris, Bordeaux, Arcachon, Biarritz, Hendaye, Pau (ou Arcachon à Pau directement par Mimbaste), Lourdes, Pierrefitte, Tarbes, Bagnères-de-Bigorre, Tarbes, Montréjeau, Bagnères-de-Luchon, Montréjeau, Boussens, Saint-Girons, Boussens, Toulouse, Tarascon (Ariége), Quillan, Castelnaudary, Mazamet, Carmaux, Albi, Rodez, Brive (ou Quillan à Brive directement par Toulouse), Limoges (par Périgueux ou Saint-Yrieix), Paris. — *Validité* : 30 jours. — **2e cl.**: 170 fr.

4. — Paris, Bordeaux (Bastide ou Saint-Jean), Arcachon, Biarritz, Hendaye, Biarritz, Pau, Lourdes, Pierrefitte, Tarbes, Bagnères-de-Bigorre, Tarbes, Montréjeau, Bagnères-de-Luchon, Montréjeau, Toulouse, Tarascon (Ariége), Toulouse, Albi, Rodez, Capdenac, Aurillac, Arvant, Clermont-Ferrand, Vichy, Saint-Etienne, Le Puy, Saint-Etienne, Lyon, Genève, Lausanne, Fribourg, Berne, Bienne, Neuchâtel, Pontarlier, Besançon, Dijon, Fontainebleau, Paris. — *Validité*: 45 jours. — **2e cl.**: 191 fr.

5. Paris, Orléans, Blois, Tours, Saumur, Angers, Bressuire, Niort, Poitiers, Angoulême, Bordeaux (Bastide ou Saint-Jean),

Arcachon, Biarritz, Pau, Lourdes, Pierrefitte, Tarbes, Bagnères-de-Bigorre, Tarbes, Montréjeau, Bagnères-de-Luchon, Montréjeau, Toulouse, Tarascon (Ariége), Toulouse, Cerbère, Cette, Nîmes, Arles (*viâ* Tarascon), Marseille, Toulon, Fréjus, Cannes, Grasse, Cannes, Nice, Menton, Marseille, Aix (*viâ* Rognac ou *viâ* Gardanne), Avignon (*viâ* Cavaillon). Lyon, Genève, Lausanne, Fribourg, Berne, Bienne, Neuchâtel, Pontarlier, Besançon. Dijon. Fontainebleau, Paris. — *Validité* : 45 jours. — **2e cl.** : 236 fr.

5 *bis.* — *1er itinéraire.* — Paris, Orléans, Blois, Amboise, Tours, Chenonceaux et retour à Tours, Loches et retour à Tours, Langeais, Saumur, Angers, Nantes, Saint-Nazaire, Le Croisic. Guérande et retour à Paris, *viâ Blois* ou *Vendôme*. — *Validité* : 30 jours. — **2e cl.** : 70 fr.

2e itinéraire. — Paris, Orléans, Blois, Amboise, Tours, Chenonceaux et retour à Tours, Loches et retour à Tours, Loches et Langeais et retour à Paris, *viâ Blois* ou *Vendôme*. — *Validité* : 15 jours. — **2e cl.** : 45 fr.

6. — Dijon, Limoges (par Nevers, Bourges, Châteauroux ou par Clermont-Ferrand, Gannat, Guéret), Bordeaux (par Montmorillon, Poitiers, Angoulême, ou par Périgueux, Coutras), Arcachon, Biarritz, Hendaye, Pierrefitte, Bagnères-de-Bigorre, Bagnères-de-Luchon, Toulouse, Tarascon, Cerbère, Cette, Nîmes, Lyon (par Tarascon, Avignon, Valence, ou par Bagnols, Tournon, Givors), Dijon. — *Validité* : 30 jours. — **2e cl.** : 164 fr.

7. — Paris, Bordeaux, Bayonne, Irun, Saint-Sébastien, Bilbao, Burgos, Santander, Valladolid, Médina, Salamanque, Zamora, Avila, Escurial, Madrid, Tolède, Madrid Aranjuez, La Encina, Valence, Sagunto, Tarragone, Barcelone, Cerbère, Perpignan, Cette, Paris (*viâ* Clermont-Ferrand, ou *viâ* Lyon, Dijon, avec faculté de passage par Marseille). — *Validité* : 45 jours. (En Espagne 35 jours.) — **2e cl.** : 243 fr. 80.

8. — Paris, Bordeaux, Bayonne, Irun, Saint-Sébastien, Bilbao, Burgos, Santander, Valladolid, Médina, Salamanque, Zamora, Avila, Escurial, Madrid, Tolède, Madrid, Aranjuez, Cordoue, Séville, Xérès, Cadix, Utrera, La Roda, Malaga, Grenade, Cordoue, La Encina, Valence, Sagunto, Tarragone, Barcelone, Cerbère, Perpignan, Cette, Paris (*viâ* Clermont-Ferrand ou *viâ* Lyon, Dijon, avec faculté de passage par Marseille). — *Validité* : 65 jours. (En Espagne 55 jours.) — **2e cl.** : 337 fr. 50.

9. — Paris, Bordeaux, Bayonne, Irun, Saint-Sébastien,

Bilbao, Burgos, Santander, Valladolid, Médina, Salamanque, Zamora, Avila, Escurial, Madrid, Aranjuez, Tolède, Madrid, Talavera de la Reina, Cacérès, Valencia de Alcantara, Lisbonne, Porto, Badajoz, Ciudad-Real. La Encina, Valence, Sagunto, Tarragone, Barcelone, Cerbère, Perpignan, Cette, Paris (*viâ* Clermont-Ferrand, ou *viâ* Lyon, avec faculté de passage par Marseille). — *Validité* : 70 jours. (En Espagne et en Portugal 60 jours.) — **2e cl.** : 333 fr. 50.

10. — Paris, Bordeaux, Bayonne, Irun, Saint-Sébastien, Bibao, Burgos, Santander, Valladolid, Médina, Salamanque, Zamora, Avila, Escurial, Madrid, Aranjuez, Tolède, Madrid, Talavera de la Reina, Cacérès, Valencia de Alcantara, Lisbonne, Porto, Badajoz, Belmez, Cordoue, Malaga, Bobadila, Grenade, La Roda, Utrera, Cadix, Xérès, Séville, Cordoue, La Encina, Valence, Sagunto, Tarragone, Barcelone, Cerbère, Perpignan, Cette, Paris (*viâ* Clermont-Ferrand ou *viâ* Lyon, Dijon, avec faculté de passage pour Marseille). — *Validité* : 85 jours. (En Espagne et en Portugal 75 jours.) — **2e cl.** : 404 fr. 80.

11. — Paris, Tours, Bordeaux, Bayonne, Irun, Madrid, Tolède, Carthagène, Oran, Alger, Marse, Paris (*viâ* Nîmes, Clermont-Ferrand, ou *viâ* Lyon, Dijon). — *Validité* : 90 jours. — **2e cl.** : 245 fr.

12. — Paris, Tours, Bordeaux, Bayonne, Irun, Madrid, Tolède, Madrid, Cordoue, Grenade, Malaga, Cadix, Séville, Carthagène, Oran, Alger, Marseille, Paris (*viâ* Nîmes, Clermont-Ferrand ou *viâ* Lyon-Dijon). — *Validité* : 90 jours. — **2e cl.** : 360 fr.

13. — Paris, Tours, Bordeaux, Bayonne, Irun, Madrid, Tolède, Madrid, Cordoue, Séville, Cadix, Grenade, Malaga, Tanger, Gibraltar, Malaga, Oran, Alger, Marseille, Paris (*viâ* Nîmes, Clermont-Ferrand ou *viâ* Lyon, Dijon). — *Validité* : 90 jours. — **2e cl.** : 358 fr.

CHEMINS DE FER DU MIDI (*)

1. — Bordeaux, Agen, Montauban, Toulouse, Montréjeau, Bagnères-de-Luchon, Tarbes, Bagnères-de-Bigorre, Mont-de-Marsan, Arcachon, Bordeaux. — *Validité* : 20 jours.

(*) Les prix des billets de deuxième classe ne sont pas encore établis pour les voyages nos 1 à 16.

2. — Bordeaux, Agen, Montauban, Toulouse, Montréjeau, Bagnères-de-Luchon, Tarbes, Bagnères-de-Bigorre, Pierrefitte, Pau, Bayonne, Dax, Arcachon, Bordeaux. — *Validité* : 20 jours.

3. — Bordeaux, Arcachon, Mont-de-Marsan, Tarbes, Bagnères-de-Bigorre, Montréjeau, Bagnères-de-Luchon, Pierrefitte, Pau, Bayonne, Dax, Bordeaux. — *Validité* : 20 jours.

4. — Comme au 1er itinéraire, plus le trajet de Toulouse à Cette (Castelnaudary, Carcassonne, Narbonne, Béziers, Cette), et retour à Toulouse. — *Validité* : 20 jours.

5. — Comme au 2e itinéraire, plus le trajet de Toulouse à Cette (Castelnaudary, Carcassonne, Narbonne, Béziers, Cette), et retour à Toulouse. — *Validité* : 20 jours.

6. — Comme au 1er itinéraire, plus le trajet de Toulouse à Perpignan (Castelnaudary, Carcassonne, Narbonne, Perpignan), et retour à Toulouse. — *Validité* : 20 jours.

7. — Comme au 2e itinéraire, plus le trajet de Toulouse à Perpignan (Castelnaudary, Carcassonne, Narbonne, Perpignan), et retour à Toulouse. — *Validité* : 20 jours.

16. — Lyon, Valence, Avignon, Nîmes, Cette, Toulouse, Pau, Bayonne.

En Espagne : les villes comprises dans le 7e itinéraire Orléans.

Cerbère, Cette, Nîmes, Avignon, Valence, Lyon. — *Validité* : 45 jours. (En Espagne 35 jours.) — **2e cl.** : 225 fr.

17. — Lyon, Valence, Avignon, Nîmes, Cette, Toulouse, Pau, Bayonne.

En Espagne : les villes comprises dans le 8e itinéraire Orléans.

Cerbère, Cette, Nîmes, Avignon, Valence, Lyon. — *Validité* : 65 jours. (En Espagne 55 jours.) — **2e cl.** : 318 fr. 70.

18. — Lyon, Valence, Avignon, Nîmes, Cette, Toulouse, Pau, Bayonne.

En Espagne et en Portugal : les villes comprises dans le 9e itinéraire Orléans.

Cerbère, Cette, Nîmes, Avignon, Valence, Lyon. — *Validité* : 70 jours. (En Espagne et en Portugal 60 jours.) — **2e cl.** : 314 fr. 70.

19. — Lyon, Valence, Avignon, Nîmes, Cette, Toulouse, Pau, Bayonne.

En Espagne et en Portugal : les villes comprises dans le 10e itinéraire Orléans.

Cerbère, Cette, Nîmes, Avignon, Valence, Lyon. — *Vali-*

dité : 85 jours. (En Espagne et en Portugal 75 jours.) — **2e cl.** : 386 fr.

20. — Marseille, Cette (*viâ* Tarascon ou Arles), Toulouse, Pau, Bayonne.

En Espagne : les villes comprises dans le 7e itinéraire Orléans.

Cerbère, Cette, Nîmes, Marseille (*viâ* Lunel ou Tarascon). — *Validité* : 45 jours. (En Espagne 35 jours.) — **2e cl.** : 205 fr. 75.

21. — Marseille, Cette (*viâ* Tarascon ou Arles), Toulouse, Pau, Bayonne.

En Espagne : les villes comprises dans le 8e itinéraire Orléans.

Cerbère, Cette, Nîmes, Marseille (*viâ* Lunel ou Tarascon). — *Validité* : 65 jours. (En Espagne 55 jours.) — **2e cl.** : 299 fr. 45.

22. — Marseille, Cette (*viâ* Tarascon ou Arles), Toulouse, Pau, Bayonne.

En Espagne et en Portugal : les villes comprises dans le 9e itinéraire Orléans.

Cerbère, Cette, Nîmes, Marseille (*viâ* Lunel ou Tarascon). — *Validité* : 70 jours. (En Espagne et en Portugal 60 jours.) — **2e cl.** : 295 fr. 45.

23. — Marseille, Cette (*viâ* Tarascon ou Arles), Toulouse, Pau, Bayonne.

En Espagne et en Portugal : les villes comprises dans le 10e itinéraire Orléans.

Cerbère, Cette, Nîmes, Marseille (*viâ* Lunel ou Tarascon). — *Validité* : 85 jours (En Espagne et en Portugal 75 jours.) — **2e cl.** : 366 fr. 75.

27. — Paris, Marseille (*viâ* Dijon, Lyon ou *viâ* Clermont-Ferrand, Nîmes), Alger, Oran, Carthagène, Valence, Tarragone, Barcelone, Cerbère, Cette, Paris (*viâ* Nîmes, Lyon, Dijon ou Nîmes, Clermont-Ferrand). — *Validité* : 90 jours. — **2e cl.** : 235 fr.

28. — Paris, Marseille (*viâ* Dijon, Lyon ou *viâ* Clermont-Ferrand, Nîmes), Alger, Oran, Carthagène, Séville, Cadix, Malaga, Grenade, Cordoue, Madrid, Tolède, Madrid, Saragosse, Barcelone, Cerbère, Cette, Paris (*viâ* Nîmes, Lyon, Dijon ou Nîmes, Clermont-Ferrand). — *Validité* : 90 jours. — **2e cl.** : 384 fr.

29. — Paris, Marseille (*viâ* Dijon, Lyon ou *viâ* Clermont-Ferrand, Nîmes), Alger, Oran, Malaga, Gibraltar, Tanger,

Malaga, Grenade, Cadix, Séville, Cordoue, Madrid, Tolède, Madrid, Saragosse, Barcelone, Cerbère, Cette, Paris (*vià* Nîmes, Lyon, Dijon ou Nîmes, Clermont-Ferrand). — *Validité* : 90 jours. — **2e cl.** : 382 fr.

30. — Valence (Espagne), Tarragone, Barcelone, Cerbère, Cette, Marseille, Genève, Berne, Dijon, Paris, Lyon, Tarascon, Cette (ou Paris, Tarare ou Saint-Etienne, Lyon, Givors, Bagnols, Nîmes, Cette), Port-Bou, Barcelone, Tarragone, Valence (Espagne). — *Validité* : 60 jours. — **2e cl.** : 210 fr.

31. — Bordeaux, Port-Vendres, Alger, Philipeville, Constantine, Philippeville, Bône, Marseille, Cette, Bordeaux. — *Validité* : 90 jours. — **2e cl.** : 205 fr.

32. — Bordeaux, Port-Vendres, Alger, Philipppeville, Constantine, Philippeville, Bône, Tunis (La Goulette), Marseille, Cette, Bordeaux. — *Validité* : 90 jours. — **2e cl.** : 262 fr.

33. — Bordeaux, Port-Vendres, Alger, Oran, Carthagène, Castillejo, Tolède, Madrid, Irun, Bordeaux. — *Validité* : 90 jours. — **2e cl.** : 192 fr.

34. — Bordeaux, Port-Vendres, Alger, Oran, Beni-Saf, Nemours, Mélilla, Malaga, Gibraltar, Tanger, Malaga, Grenade, Cadix, Séville, Cordoue, Madrid, Tolède, Madrid, Irun, Bordeaux. — *Validité* : 90 jours. — **2e cl.** : 305 fr.

CHEMINS DE FER DE L'ÉTAT

3. — Excursions sur les bords de la Loire et dans la Vendée, de la Charente-Inférieure, le Poitou, l'Angoumois, le Bordelais, la Dordogne, le Limousin, la Creuse, l'Allier et le Berry. — *Voir itinéraire Orléans, n° 1, page 1.* — *Validité* : 30 jours. — **2e cl.** ; 120 fr.

4. — Voyage circulaire dans les Pyrénées, sur les bords de la Méditerranée et en passant par l'Orléanais, la Touraine, l'Anjou, le Poitou, le Bordelais, le Comtat, le Dauphiné, le Lyonnais, la Franche-Comté, la Bourgogne, etc. — *Voir itinéraire Orléans n° 5, page 10.* — *Validité* : 45 jours. — **2e cl.** : 236 fr.

CHEMINS DE FER DE L'EST

A. — Paris, Châlons, Nancy, Strasbourg, Carlsruhe, Fribourg, Bâle, Constance, Zurich, Lucerne, Bâle, Belfort, Paris. — **2e cl.** : 133 fr.

B. — Paris, Langres, Belfort, Bâle, Bienne, Lucerne, Berne, Neufchâtel, Dôle, Dijon, Paris. — **2e cl.** : 108 fr. 85.

C. — Paris, Langres, Belfort, Lucerne, Bâle, Interlaken, Berne, Genève, Culoz, Mâcon, Dijon, Paris. — **2e cl.** : 119 f. 35.

Tous les billets ci-dessus sont délivrés du 1er juin au 30 septembre et ont une durée d'un mois.

D. — Paris, Nancy, Epinal, Plombières, Luxeuil, Belfort, Vesoul, Langres, Paris. *Durée du voyage:* un mois. — **2e cl.** : 65 fr.

E — Belgique et bords du Rhin

Durée du voyage : un mois.

(Délivrance des billets du 1er juin au 30 septembre.)

Paris-Bruxelles (par Valenciennes ou Maubeuge). — Louvain-Liége ou Paris-Charleroi-Namur-Liége. — Spa. — Aix-la-Chapelle. — Cologne. — Coblence. — Mayence (par St-Goar ou Ems et Wiesbaden). — Francfort. — Strasbourg — (par Darmstadt). — Mannheim-Heidelberg. — Carlsruhe. — Baden-Baden ou Worms. — Spire ou Landau. — Nancy. — Paris-Est ou *vice versa*.

F — Allemagne du sud — Autriche — Suisse

(Délivrance des billets du 1er juin au 30 septembre.)

Voyage n° 17.

1er Itinéraire. — Départ par la ligne de Paris à Avricourt et retour par celle de Petit-Croix ou de Delle-Belfort-Paris.

Paris, Nancy, Avricourt, Strasbourg, Appenweier, Carlsruhe, Heidelberg, Wurzbourg, Nuremberg, Munich, Lindau, Rorschach, Coire, Ragatz, Ziegelbrucke, Waedensweil, Zurich, Brougg, Bâle, Mulhouse, Montreux-Vieux, Belfort ou Bâle-Delle-Belfort. — Belfort-Paris.

2e Itinéraire. — Départ par la ligne de Paris à Belfort et retour par la ligne d'Avricourt à Paris, en passant par les mêmes points que ci-dessus, mais dans l'ordre inverse. Prix des billets, valables pendant un mois. — **2e cl.** : 130 fr. 70.

Voyage n° 17 *bis*.

1er Itinéraire. — Départ par la ligne de Paris à Nancy, Pagny-sur-Moselle, Metz, et retour par celle de Petit-Croix ou de Delle-Belfort-Paris.

Paris, Nancy, Pagny-sur-Moselle, Metz, Bingen, Mayence, Francfort-sur-le-Mein ou Darmstadt, Aschaffenbourg, Nuremberg, Munich, Lindau, Rorschach, Coire, Ragatz, Ziegelbrucke, Waedensweil, Zurich, Brougg, Bâle, Mulhouse, Montreux-Vieux, Belfort ou Bâle-Delle-Belfort. — Belfort, Paris.

2e Itinéraire. — Départ par la ligne de Paris à Belfort et retour par la ligne de Metz-Pagny-sur-Moselle à Paris, en passant par les mêmes points que ci-dessus, mais dans l'ordre inverse.

Prix des billets, valables pendant un mois. — **2e cl.** : 132 fr. 75.

Voyage n° 18.

1er Itinéraire. — Départ par la ligne de Paris à Avricourt et retour par celle de Petit-Croix ou de Delle-Belfort-Paris.

Paris, Nancy, Avricourt, Strasbourg, Appenweier, Baden-Baden, Carlsruhe, Uhlaker, Stuttgart, Ulm, Munich, Kufstein, Woergel, Bischofshofen, Steinach-Irding, Attnang, Vienne, Salzbourg, Lindau, Rorschach, Coire, Ragatz, Ziegelbrucke, Waedensweil, Zurich, Brougg, Bâle, Mulhouse, Belfort ou Bâle-Delle-Belfort, Belfort, Paris.

2e Itinéraire. — Départ par la ligne de Paris à Belfort et retour par celle d'Avricourt à Paris, en passant par les mêmes points que ci-dessus, mais dans l'ordre inverse.

Prix des billets, valables pendant 40 jours. — **2e cl.** : 194 fr. 30.

Voyage n° 18 *bis*.

1er Itinéraire. — Départ par la ligne de Paris à Nancy, Pagny-sur-Moselle, Metz, et retour par celle de Petit-Croix ou de Delle-Belfort-Paris.

Paris, Nancy, Pagny-sur-Moselle, Metz, Bingen, Mayence, Francfort-sur-Mein ou Darmstadt, Aschaffenbourg, Nuremberg, Passau, Vienne, Bischofshofen, *viâ* Amstetten, Waidhofen, Selzthal, ou *viâ* Amstetten, Linz, Attnang, Gmunden, Ischl, Steinach-Irdning ou *viâ* Amstetten, Linz, Attnang, Salzbourg, Worgl, Kufstein, Munich, Lindau, Rorschach, Coire, Ragatz,

Ziegelbrucke, Waedensweil, Zurich, Brougg, Bâle, Mulhouse, Belfort ou Bâle-Delle-Belfort, Belfort, Paris.

2e Itinéraire. — Départ par la ligne de Paris à Belfort et retour par celle de Metz-Pagny-sur-Moselle à Paris, en passant par les mêmes points que ci-dessus, mais dans l'ordre inverse.

Prix des billets, valables pendant 40 jours. — **2e cl.** : 193 fr. 20.

Voyage nº 19.

1er Itinéraire. — Départ par la ligne de Paris à Avricourt. et retour par celle de Petit-Croix ou de Delle-Belfort-Paris.

Paris, Nancy, Avricourt, Strasbourg, Appenweier, Baden-Baden, Carlsruhe, Muhlaker, Stuttgart, Ulm, Munich, Salzbourg, Bischofshofen, Steinach-Irdning, Attnang, Vienne, Gratz, Marbourg, Klagenfurth, Franzensfeste, Innsbruck, Kufstein, Rosenheim, Munich, Lindau, Rorschach, Coire, Ragatz, Ziegelbrucke, Waedensweil, Zurich, Brougg, Bâle, Mulhouse, Belfort ou Bâle-Delle-Belfort, Belfort, Paris.

2e Itinéraire. — Départ par la ligne de Paris à Belfort et retour par celle d'Avricourt à Paris, en passant par les mêmes points que ci-dessus, mais dans l'ordre inverse.

Prix des billets, valables pendant 40 jours. — **2e cl.** : 228 fr. 35.

Voyage nº 19 *bis*.

1er Itinéraire. — Départ par la ligne de Paris à Nancy, Pagny-sur-Moselle-Metz, et retour par celle de Petit-Croix ou de Delle-Belfort-Paris.

Paris, Nancy, Pagny-sur-Moselle, Metz, Bingen, Mayence. Francfort-sur-Mein ou Darmstadt, Aschaffenbourg, Nuremberg, Passau, Vienne, le Semmering, le Brenner, Innsbruck, Munich, Lindau, Rorschach, Coire, Ragatz, Ziegelbrucke, Waedensweil, Zurich, Brougg, Bâle, Mulhouse, Belfort ou Bâle-Delle-Belfort, Belfort, Paris.

2e Itinéraire. — Départ par la ligne de Paris à Belfort et retour par celle de Pagny-sur-Moselle, Metz à Paris, en passant par les mêmes points que ci-dessus, mais dans l'ordre inverse.

Prix des billets, valables pendant 40 jours. — **2e cl.** : 219 fr. 60.

OBSERVATIONS

La délivrance des billets pour les six voyages circulaires 17, 17 *bis*, 18, 18 *bis*, 19 et 19 *bis* ci-contre, commence le 1er *juin* et cesse le 30 *septembre*.

Les voyages peuvent être commencés dans un sens ou dans l'autre, mais doivent toujours être continués dans la direction choisie au départ.

On délivrera des billets à Paris, à la gare et dans les bureaux suivants : Bureaux succursales de la Compagnie situés rue Basse-du-Rempart, 52 ; rue Sainte-Anne, 4, 10, et rue Molière, 7 ; rue du Bouloi, 9 ; boulevard Sébastopol, 34 ; place St-Sulpice, 6 ; rue Turbigo, 55 (rue Vaucanson, 4, et rue Conté, 2) ; place de la Bastille (Gare de Vincennes) ; aux bureaux de la Compagnie de Lyon, rue Saint-Lazare, 88 ; rue des Petites-Ecuries, 11 ; rue Coq-Héron, 6 ; rue de Rennes, 45, à l'Agence des chemins de fer Anglais, 4, boulevard des Italiens, aux agences Lubin, 36, boulevard Haussmann ; Cook, 9, rue Scribe, et 15, place du Havre, Gaze, 8, rue Duphot, ainsi qu'à toutes les stations des lignes de l'Est et de Lyon situées sur l'itinéraire à parcourir.

Les voyageurs des embranchements devront se rendre aux dites gares et rentrer à leur point de départ à leurs frais.

On délivre également des billets de ces voyages :

Pour les nos 17 et 17 *bis*, à Munich, pour les nos 18 et 18 *bis*, à Vienne (Westbahnhof), et pour les nos 19 et 19 *bis* à Vienne (Sudbahnhof), Gratz, Klagenfurt et Innsbruck.

Avec ces billets, les voyageurs auront la faculté de séjourner dans les principales villes du parcours :

(*a*) Sans dépôt du billet à la gare : à toutes les stations dénommées sur les coupons de leurs billets, et en Suisse, à toutes les stations desservies.

(*b*) En déposant le billet à la gare, en France et en Autriche : à toutes les stations desservies par les trains : en Allemagne : dans les principales localités du parcours.

Il n'est accordé aucune franchise pour les bagages.

Le transport des voyageurs et de leurs bagages s'effectuera conformément aux conditions réglementaires des différentes administrations, pour tout ce qui n'est pas contraire aux dispositions qui précèdent.

CHEMINS DE FER DE L'OUEST

1er itinéraire. — Paris (St-Lazare), Louviers, Rouen (R. D. ou R. G.), Le Havre, Fécamp, Cany, Saint-Valéry, Dieppe, Arques, Forges-les-Eaux, Gisors, Paris (St-Lazare). — Billets valables pendant un mois. — **2e cl.** : 38 fr.

2e itinéraire. — Paris (St-Lazare, Louviers, Rouen (R. D. ou R. G.), Dieppe, Cany, Saint-Valéry, Fécamp, Le Havre, Honfleur ou Trouville, Caen, Évreux. Paris (St-Lazare). — Billets valables pendant un mois. — **2e cl.** : 45 fr.

3e itinéraire. — Paris (St-Lazare, Louviers, Rouen (R. D. ou R. G.), Dieppe, Cany, Saint-Valéry, Fécamp, Le Havre, Honfleur ou Trouville, Isigny, Cherbourg, Evreux, Paris (St-Lazare). — Billets valables pendant un mois. — **2e cl.** : 65 fr.

4e itinéraire. — Paris (Montparnasse), Dreux, Granville, Avranches, Pontorson (Mont-Saint-Michel), Dol, Saint-Malo, Dinan, Rennes, Vitré, Laval, Le Mans, Chartres, Paris (Saint-Lazare ou Montparnasse). — Billets valables pendant un mois. — **2e cl.** : 70 fr.

5e itinéraire. — Paris (St-Lazare), Evreux, Caen, Isigny, Cherbourg, Saint-Lô, Coutances, Granville, Avranches, Pontorson (Mont-Saint-Michel), Dol, Saint-Malo, Dinan, Rennes, Vitré, Laval, Le Mans, Chartres, Paris (Saint-Lazare ou Montparnasse). — Billets valables pendant un mois. — **2e cl.** : 80 fr.

6e itinéraire. — Paris (St-Lazare), Louviers, Rouen (R. D. ou R. G.), Dieppe, Cany, Saint-Valéry-en-Caux, Fécamp, Le Havre, Honfleur ou Trouville-Deauville, Caen, Isigny, Cherbourg, St-Lô, Coutances, Granville, Vire, Laigle, Dreux, Paris (Montparnasse). — Billets valables pendant un mois. — **2e cl.** : 80 fr.

7e itinéraire. — Paris, Louviers, Rouen, Dieppe, Cany, St-Valéry-en-Caux, Fécamp, Le Havre, Honfleur ou Trouville, Caen, Isigny, Cherbourg, St-Lô, Coutances, Granville, Avranches, Pontorson (Mont-Saint-Michel), Dol, St-Malo-St-Servan, Dinan, Rennes, Le Mans. Chartres, Paris. — Billets valables pendant un mois. — **2e cl.** : 100 fr.

8e itinéraire. — Paris (Montparnasse), Dreux, Granville, Avranches, Pontorson (Mont-St-Michel), Dol, Saint-Malo-Saint-Servan, Dinan, Saint-Brieuc, Lannion, Morlaix, Roscoff, Rennes, Le Mans, Chartres, Paris (Saint-Lazare ou Montparnasse). — Billets valables pendant un mois. — **2e cl.** : 100 fr.

9e itinéraire. — Paris (St-Lazare), Evreux, Caen, Isigny, Cherbourg, St-Lô, Coutances, Granville, Avranches, Pontorson (Mont-St-Michel), Dol, Saint-Malo-Saint-Servant, Dinan, Saint-Brieuc, Lannion, Morlaix, Roscoff, Brest, Rennes, Le Mans, Chartres, Paris. — Billets valables pendant un mois. — **2e cl.** : 110 fr.

CHEMINS DE FER DU NORD

Château de Pierrefonds, ruines du château de Coucy, Bords de la Meuse, Grottes de Han et de Rochefort, avec séjour facultatif dans les principales villes de passage. — *Durée du voyage :* un mois. — **2e cl.** : 56 fr. 40. — Paris, Chantilly, Compiègne, Pierrefonds, Chauny, Coucy-le-Château, Chauny, St-Quentin, Charleroi, Namur, Huy, Liége, Rochefort, Namur, Dinan, Givet, Chimay, Laon, Soissons et Paris, ou *vice versâ.*

Nord de la France et Belgique. — *Durée du voyage :* un mois. — **2e cl.** : 68 fr. 55. — Paris, Amiens, Arras, Lille, Courtrai, Gand, Bruges, Ostende, Bruxelles, Malines, Anvers, Louvain, Liége, Spa, Namur, Charleroi, St-Quentin, Paris, ou *vice versâ.*

On peut aussi, à l'aller et au retour, passer par Soissons, Laon, Chimay et Liége, pour suivre l'itinéraire ci-dessous.

Au départ de Rouen, même itineraire soit par Arras, soit par St-Quentin.

Belgique, Hollande, Prusse rhénane. — *Durée du voyage :* un mois. — **2e cl.** : 92 fr. 60. — Paris à Bruxelles (par Valenciennes ou Maubeuge), Anvers, Rotterdam, La Haye, Amsterdam, Utrecht, Cologne, Aix-la-Chapelle, Spa, Liége, Namur, Charleroi, Paris, ou *vice versâ.*

Belgique et bords du Rhin. — *Durée du voyage :* un mois.

Paris-Bruxelles (par Valenciennes ou Maubeuge), Malines, Louvain-Liége ou Paris, Charleroi-Namur-Liége, Spa, Aix-la-Chapelle, Cologne, Coblence, Mayence (par St-Goar ou Ems

---

(1) Paris (Saint-Lazare ou Montparnasse), Rouen (R. D. ou R. G.), Dieppe, Fécamp, Le Havre, Honfleur, Trouville-Deauville, Evreux, Caen, Cherbourg, Saint-Lô, Granville, Saint-Malo-Saint-Servant, Saint-Brieuc, Brest, Rennes, Laval, Le Mans, Chartres.

et Wiesbaden), Francfort, Strasbourg par Darmstadt), Manheim-Heidelberg, Karlsruhe, Baden-Baden ou Worms (Spire ou Landau), Nancy, Paris-est, ou *vice versâ*.

Circulaires Italiens

Nous ne donnons que les circulaires importants, mais, en Italie comme en Allemagne, on trouvera des circulaires valables pendant 4 ou 5 jours, pour parcourir les environs des principales villes.

HAUTE ITALIE

10. — Turin, Verceil, Novare, Milan, Bergame, Venise, Rovigo, Bologne, Modène, Parme, Plaisance, Alexandrie, Turin, ou *vice versâ*. — *Validité* : 35 jours. — **2e cl.** : 59 fr. 90 ; **3e cl.** : 49 fr. 80.

1. — Turin, Asti, Alexandrie, Gênes, Savone, Turin. — *Validité* : 20 jours. — **2e cl.** : 24 fr. 60 ; **3e cl.** : 16 fr. 70.

2. — Turin, Savone, Gênes, Spezzia, Pise, Livourne, Florence, Bologne, Parme, Plaisance, Alexandrie, Turin. — *Validité* : 35 jours. — **2e cl.** : 62 fr. 15 ; **3e cl.** : 42 fr. 35.

3. — Turin, Milan, Plaisance, Alexandrie, Gênes, Asti, Turin. — *Validité* : 30 jours. — **2e cl.** : 37 fr. 45 ; **3e cl.** : 25 fr. 45.

4. — Turin, Milan, Plaisance, Alexandrie, Gênes, Savone, Bra. — *Validité* : 30 jours. — **2e cl.** : 39 fr. 70 ; **3e cl.** : 26 fr. 95.

4 *bis*. — Comme ci-dessus, en plus Vintimille. — **2e cl.** : 48 fr. ; **3e cl.** : 32 fr.

5. — Milan, Plaisance, Parme, Reggio, Modène, Mantoue, Vérone, Milan. — *Validité* : 20 jours. — **2e cl.** : 30 fr. 45 ; **3e cl.** : 20 fr. 80.

6. — Milan, Vérone, Venise, Ferrare, Bologne, Modène, Parme, Plaisance, Milan. — *Validité* : 30 jours. — **2e cl.** : 44 fr. 50. — **3e cl.** : 30 fr. 20.

7. — Milan, Venise, Vérone, Bologne, Florence, Modène, Parme, Milan. — *Validité* : 35 jours. — **2e cl.** : 59 fr. 65 ; **3e cl.** : 40 fr. 65.

8. — Milan, Parme, Bologne, Florence, Pise, Livourne, Gênes, Alexandrie, Milan. — *Validité* : 30 jours. — **2e cl.** : 34 fr. 75 ; **3e cl.** : 27 fr. 30.

9. — Milan, Venise, Vérone, Bologne, Florence, Livourne, Gênes, Milan. — *Validité* : 40 jours. — **2e cl.** : 67 fr. 60 ; **3e cl.** : 46 fr.

11. — Turin, Milan, Vérone, Venise, Bologne, Florence, Bologne, Parme, Alexandrie, Gênes, Asti, Turin. — *Validité* : 50 jours. — **2e cl.** : 78 fr. 75 ; **3e cl.** : 53 fr. 60.

12. — Turin, Milan, Plaisance, Bologne, Florence, Livourne, Spezzia, Gênes, Turin. — *Validité* : 35 jours. — **2e cl.** : 62 fr. ; **3e cl.** : 42 fr.

14. — Venise, Ferrare, Bologne, Florence, Modène, Mantoue, Vérone, Venise. — *Validité* : 25 jours. — **2e cl.** : 45 fr. 55 ; **3e cl.** : 31 fr. 10.

I. — Florence, Empoli, Pise, Livourne, Grosseto, Asciano, Empoli, Florence, ou *vice versa*. — *Validité* : 10 jours. — **2a cl.** : 29 fr. 85. — **3a cl.** : 19 fr. 20.

II. — Florence, Pise, Livourne, Grosseto, Civitavecchia, Rome, Orte, Chiusi, Arezzo, Florence, ou *vice versa*. — *Validité* : 20 jours, **2a cl.** : 47 fr. 75. — **3a cl.** : 29 fr. 50.

III. — Florence, Pise, Livourne, Grosseto, Civitavecchia, Rome, Naples, Rome, Orte, Chiusi, Arezzo, Florence, ou *vice versa*. — *Validité* : 30 jours. — **2e cl.** : 79 fr. 55. — **3e cl.** : 48 fr. 45.

IV. — Florence, Pise, Livourne, Civitavecchia, Rome, Foligno, Ancône, Foligno, Pérouse, Chiusi, Empoli, Florence, ou *vice versa*. — *Validité* : 25 jours. — **2e cl.** : 69 fr. — **3e cl.** : 43 fr. 20.

XXIV. — Parcours : 1479 kil. — Verone, Modene, Bologne, Florence, Empoli, Livourne, Rome, Foligno, Ancône, Bologne, Venise, Verone, ou *vice versa*. — *Validité* : 50 jours. — **2e cl.** : 86 fr. 10. — **3e cl.** : 54 fr. 70.

XXV. — Parcours : 2447 kil. — Milan, Turin, Alexandrie, Gênes, Spezia, Pise, Lucca, Florence, Empoli, Livourne, Civitavecchia, Rome, Naples, Foggia, Ancône, Bologne, Padoue, Venise, Verone, Milan, ou *vice versa*. — *Validité* : 60 jours. — **2e cl.** : 141 fr. 35. — **3e cl.** : 88 fr. 90.

XXV *bis*. — Parcours : 1074 kil. — Naples, Caserta, Velletri, Rome, Foligno, Ancone, Pescara, Foggia, Benevent, Naples, ou *vice versa.* — *Validité* : 35 jours. — **2e cl.** : 62 fr. 75. — **3e cl.** : 37 fr. 25.

XXVI. — Parcours : 1065 kil. — Florence, Pistoie, Bologne, Ancône, Foligno, Rome, Civitavecchia, Livourne, Pise, Empoli, Florence, ou *vice versa.* — *Validité* 30 jours. — **2e cl.** : 63 fr. — **3e cl.** : 39 fr. 39.

XXVII. — Parcours : 1732 kil. — Milan, Turin, Alexandrie, Gênes, Pise, Lucca, Florence, Empoli, Livourne, Rome, Foligno, Ancône, Bologne, Milan, ou *vice versa.* — *Validité* : 60 jours. — **2e cl.** : 100 fr. 60. — **3e cl** : 64 fr. 55.

XXVIII. — Parcours : 1550 kil. — Bologne, Pistoie, Florence, Empoli, Pise, Livourne, Civitavecchia, Rome, Naples, Foggia, Ancône, Bologne, ou *vice versa.* — *Validité* : 45 jours. — **2e cl.** : 90 fr 40. — **3e cl.** : 54 fr. 20.

XXXI. — Bologne, Pistoie, Florence, Arezzo, Torontola, Foligno, Fabriano, Jesi, Ancône, Rimini, Forli, Bologne, ou *vice versa.* — *Validité* : 20 jours. — **2e cl.** : 39 fr. 90. — **3e cl.** : 25 fr. 30.

XXXII. — Rome, Naples, Palerme, Catane, Messine, Reggio C., Tarente, Bari, Foggia, Ancône, Bologne, Padoue, Venise, Verone, Milan, Turin, Alexandria, Gênes, Spezia, Pise, Lucca, Florence, Empoli, Livourne, Civitavecchia, Rome, ou *vice versa.* — *Validité* : 60 jours. — **2e cl.** : 224 fr. 30.

XXXIII. — Rome, Terni, Aquila, Castellamare, Adriatico, Termoli, Foggia, Bari, Tarente, Métaponte, Potenza, Naples, Caserte, Rome, ou *vice versa.* — *Validité* : 40 jours. — **2e cl.** : 79 fr. 60. — **3e cl.** : 46 fr. 20.

XXXIV. — Rome, Terni, Aquila, Castellamare, Adriatico, Ancone, Bologne, Venise, Verone, Milan, Turin, Alexandrie, Gênes, Pise, Lucca, Florence, Empoli, Livourne, Rome, ou *vice versa.* — *Validité* : 60 jours. — **2e cl.** : 125 fr. 85. — **3e cl.** : 79 fr. 55.

XXXV. — Rome, Terni, Aquila, Castellamare, Adriatico, Ancône, Bologne, Venise, Vérone, Modène, Bologne, Pistoie, Florence, Empoli, Pise, Rome, ou *vice versa.* — *Validité* : 50 jours. — **2e cl.** : 97 fr. 50. — **3e cl.** : 60 fr. 55.

XXXVI. — Rome, Caserte, Naples, Bénévent, Foggia, Castellamare, Adriatico, Aquila, Terni, Rome, ou *vice versa.* — *Validité* : 35 jours. — **2e cl.** : 57 fr. 95. — **3e cl.** : 35 fr. 75.

XXXVII. — Rome, Terni, Aquila, Castellamare, Adriatico, Ancône, Bologne, Pistoie, Florence, Empoli, Pise, Rome, ou *vice versa*. — *Validité* : 30 jours. — **2e cl.** : 74 fr. 40. — **3e cl.** : 44 fr. 85.

XXXVIII. — Rome, Terni, Aquila, Castellamare, Adriatico, Ancône, Bologne, Piacenza, Milan, Turin, Alexandrie, Gênes, Pise, Lucca, Florence, Empoli, Livourne, Rome, ou *vice versa*. — *Validité*: 60 jours. — **2e cl.** : 112 fr. — **3e cl.** : 70 fr. 40.

V. — Florence, Empoli, Pise, Livourne, Grossetto, Civitavecchia, Rome, Naples, Rome, Orte, Foligno, Perouse, Chiusi, Sienne, Empoli, Florence, ou *vice versa*. — *Validité* : 30 jours. — **2e cl.** : 90 fr. 90. — **3e cl.** : 61 fr. 55.

I-M. — Naples, Caserte, Bénévent, Foggia, Bari, Tarente, Métaponte, Eboli, Salerne, Naples, ou *vice versa*. — *Validité* : 40 jours. — **2e cl.** : 41 fr. 90. — **3e cl.** : 24 fr. 05.

Circulaires Allemands

ALLEMAGNE DU SUD ET AUTRICHE

On ne délivre des billets que du 1er mai au 30 septembre. Tous ces billets sont valables pendant 35 jours ; leur validité expire le 35e jour à minuit. Le voyageur peut s'arrêter aux stations désignées sur son billet, sans avertir le chef de gare ; il ne pourra interrompre son voyoge aux autres stations situées sur son parcours qu'en déposant son billet à la gare. Nous soulignons les stations où le billet est délivré. Si l'on commence son voyage à une des stations soulignées, il est inutile d'écrire à l'avance ; dans le cas contraire, les voyageurs devront faire leur demande à la station d'où ils partiront, quelques jours avant leur départ. Les possesseurs de billets circulaires peuvent faire le trajet de Passau, Lintz et Vienne, soit en chemin de fer, soit en bateau à vapeur.

1. — Munich, Rosenheim (par Grafing ou Holzkirchen), Salzbourg, Bischofshofen, Lend (Gastein), Zell Same, Worgl, Kufstein, Rosenheim, Munich (par Grafing ou Holzkirchen). — **2e cl.** : 22 m. 90 pf. — (*Munich, Salzbourg*).

2. — Vienne, Linz, Passau, Ratisbonne, Nuremberg, Wurtzbourg, Aschaffembourg, Darmstadt ou Francfort. Mayence.

a. — Darmstadt, Heidelberg, Bretten.

b. — Darmstadt, Heidelberg, Eberbach ou Meckesheim, Jagstfeld.

c. — Worms, Ludwigshafen ou Lampertheim, Manheim, Heidelberg, Bretten.

d. — Worms, Ludwigshafen ou Lampertheim, Manheim, Jagstfeld.
e. — Darmstadt, Erbach, Eberbach, Jagstfeld, par Stuttgart, Ulm, Augsbourg, Munich, Rosenheim, Salzbourg, Linz, Vienne. — **2e cl.** : 81 m. 20 pf. — (*Vienne, Heidelberg, Mayence*).

2-A. — Manheim, Heidelberg.

a. — Bruchsal, Bretten.
b. — Eberbach ou Mekesheim, Jagstfeld, par Stuttgart, Ulm, Augsbourg, Munich, Salzbourg, Linz, Vienne, Linz, Passau, Ratisbonne, Nuremberg, Wurtzbourg, Aschaffembourg.
a. — Darmstadt ou Francfort, Lampertheim, par Manheim. — **2e cl.** : 81 m. 20 pf. — (*Manheim*).

2-B. — Ludwigshafen, Manheim, Heidelberg.

a. — Bruchsal, Bretten ou Eberbach ou Meckesheim, Jagtsfeld, par Stuttgart, Ulm, Augsbourg, Munich, Salzbourg, Linz, Vienne, Linz, Passau, Ratisbonne, Nuremberg, Wurtzbourg, Aschaffembourg.

a. — Darmstadt ou Francfort, Mayence, Worms.
b. — Darmstadt ou Francfort, Friedrichsfeld, Manheim.
c. — Darmstald ou Francfort, Lampertheim, Manheim, par Ludwigshafen. — **2e cl.** : 81 m. 20 pf. — (*Ludwigshafen*).

4. — Vienne, Linz, Salzbourg, Munich, Ratisbonne, Furth, Pilsen, Prague, Brünn, Vienne. — **2e cl.** : 62 m. 40 pf. — (*Vienne, Munich, Brünn, Prague*).

5. — Vienne, Linz, Salzbourg, Rosenheim, Ratisbonne, Munich, Swandorf, Eger ou Hof, Leipzig, Dresde, Rodenbach, Prague, Brünn, Vienne. — **2e cl.** : 83 m. 70 pf. — (*Vienne, Dresde, Prague*).

6. — Prague, Pilsen, Furth, Ratisbonne, Munich, Rosenheim, Kufstein, Innsbrück, Pterzing, Vienne, Brünn, Prague. — **2e cl.** : 79 m. 90 pf. — (*Prague, Vienne, Gratz, Marbourg, Villach, Innsbrück, Brünn*).

7. — Strasbourg, Wissembourg, Landau, Neustadt, Speyer, Ludwigshafen, Manheim, Heidelberg, Wurtzbourg, Nuremberg, Ratisbonne, Passau, Linz, Vienne, Linz, Salzbourg, Rosenheim, Munich, Augsbourg, Ulm, Stuttgart, Mühlacker, Calsruhe, Baden, Kelh, Strasbourg. — **2e cl.** : 88 m. 60 pf. — (*Strasbourg, Vienne*).

8. — Cologne.

a. — Coblentz ou Ehrenbreitstein, Bingen, Mayence, Darmstadt ou Francfort.

b. — Coblentz ou Ehrenbreitstein, Rudesheim, Wiesbaden, Francfort.

c. — Coblentz ou Ehrenbreitstein, Limbourg, Wiesbaden ou Epstein, Francfort (par Aschaffembourg, Wurtzbourg, Nuremberg, Ratisbonne), Passau, Linz, Vienne, Linz, Salzbourg, Rosenheim, Munich, Augsbourg, Ulm, Stuttgart.

a. — Bretten, Bruchsal, Heidelberg, Darmstadt.

b. — Jagstfeld, Eberbach ou Meckersheim, Heidelberg, Darmstadt.

c. — Bretten, Heidelberg, Manheim, Ludwigshafen ou Lampertheim, Worms.

d. — Jagstfeld, Eberbach ou Meckesheim, Heidelberg, Manheim, Ludwigshafen ou Lampertheim, Worms.

e. — Jagstfeld, Eberbach, Erbach, Darmstadt (par Mayence, Bingen, Coblentz, Cologne). — **2e cl.** : 98 m. 80 pf. — (*Cologne, Brüssel, Luttich, Ostende, Munster, Dusseldorf, Vienne*).

9. — Wurtzbourg, Nuremberg, Ratisbonne, Passau, Linz, Vienne, Linz, Salzbourg, Rosenheim, Munich, Ingolstadt, Ansbach, Wurtzbourg. — **2e cl.** : 63 m. 70 pf. — (*Wurtzbourg*).

11. — Mayence, Francfort ou Darmstadt, Aschaffenbourg, Wurtzbourg, Nuremberg, Ratisbonne, Passau, Linz, Vienne, Linz, Salzbourg, Rosenheim, Munich, Ingolstadt, Ansbach, Wurtzbourg, Aschaffembourg, Francfort ou Darmstadt, Mayence. — **2e cl.** : 80 m. 70 pf. — (*Mayence*).

12. — Nuremberg, Ratisbonne, Passau, Linz, Vienne, Linz, Salzbourg, Rosenheim, Munich, Ingolstadt, Nuremberg. — **2e cl.** : 55 m. — (*Nuremberg, Vienne*).

13. — Vienne, Budweis, Pilsen, Marienbad, Eger, Ratisbonne, Passau, Linz, Vienne. — **2e cl.** : 45 m. 70 pf. — (*Eger, Pilsen, Vienne*).

16. — Munich, Bruck ou Augsbourg, Lindau, Constance, Schaffhouse, Hansach, Offenbourg ou Bâle, Fribourg, Offenbourg, Kelh, Strasbourg, Kelh, Baden-Baden, Carlsruhe, Mühlacker, Stuttgart, Ulm, Augsbourg, Munich. — 2e **cl.** : 50 m. 40. — (*Munich, Carlsruhe*).

17. — Munich, Brück ou Augsbourg, Lindau, Constance,

Schaffhouse, retour par Triberg, Hansach, Offenbourg ou Bâle, Fribourg, Offembourg, Kelh, Strasbourg, Kelh, Baden-Baden, Carlsruhe, Heidelberg ou Schwetzingen, Darmstadt, Francfort, Aschaffembourg, Wurtzbourg, Ansbach, Ingolstadt, Munich. — **2e cl.** : 61 m. 20 pf. — (*Munich, Francfort*).

18. — Cologne.

a. — Coblentz ou Ehrenbreitstein, Bingen, Mayence, Darmstadt ou Francfort.

b. — Coblentz ou Ehrenbreitstein, Rüdesheim, Wiesbaden, Francfort.

c. — Coblentz ou Ehrenbreitstein, Limbourg, Wiesbaden ou Eppstein, Francfort, par Aschaffembourg, Wurtzbourg, Ansbach, Ingolstadt, Munich, Augsbourg, Ulm, Stuttgart.

a. — Bretten, Bruchsal, Heidelberg, Darmstadt.

b. — Jagstfeld, Eberbach ou Meckesheim, Heidelberg, Darmstadt.

c. — Bretten, Heidelberg, Manheim, Ludwigshafen ou Lampertheim, Worms.

d. — Jagstfeld, Eberbach ou Meckesheim, Heidelberg, Manheim, Ludwigshafen ou Lampertheim, Worms.

e. — Jagstfeld, Eberbach, Erbach, Darmstadt, par Mayence, Bingen, Coblentz, Cologne. — **2e cl.** : 62 m. 10 pf. — (*Cologne*, *Munich*).

19. — Francfort, Darmstadt, Heidelberg ou Schwetzingen, Carlsruhe, Baden-Baden, Kehl, Strasbourg, Keih, Offenbourg, Hausach, Triberg, Donaueschingen, Singen, Schaffouse, Singen, Constance, Lindau, Kempten, Munich, Augsbourg, Ulm, Stuttgart, Mühlacker ou Heilbronn, Bretten ou Jagstfeld, Heidelberg. Darmstadt, Francfort. — **2e cl.** : 61 m. — (*Francfort*).

21. — Munich, Augsbourg, Ulm, Stuttgart.

a. — Bretten, Heidelberg, Darmstadt.

b. — Jagstfeld, Eberbach ou Meckesheim, Heidelberg, Darmstadt.

c. — Bretten, Heidelberg, Manheim, Ludwigshafen ou Lampertheim, Worms.

d. — Jagstfeld, Eberbach ou Meckesheim, Heidelberg, Manheim, Ludwigshafen ou Lampertheim, Worms.

e. — Jagstfeld, Eberbach, Erbach, Darmstadt (par Mayence), Francfort ou Darmstadt, Aschaffembourg, Wurtzbourg, Nuremberg, Ratisbonne, Munich. — **2e cl.** : 47 m. 40 pf. — (*Munich, Heidelberg, Mayence*).

21-A. — Manheim, Heidelberg, Bretten ou Jagstfeld, Stuttgart, Ulm, Augsbourg, Munich, Ratisbonne, Nuremberg, Wurtzbourg, Aschaffembourg.

a. — Francfort ou Darmstadt, Mayence, Worms.
b. — Francfort ou Darmstadt, Friedrichsfeld.
c. — Francfort ou Darmstadt, Lampertheim par Manheim. — **2e cl.** : 47 m. 40 pf. (*Manheim*).

21-B. — Ludwigshafen.

a. — Worms, Mayence, Darmstadt ou Francfort.
b. — Manheim, Friedrichsfeld, Darmstadt ou Francfort.
c. — Manheim, Lampertheim, Darmstadt ou Francfort (par Aschaffembourg), Wurtzbourg, Nuremberg, Ratisbonne, Munich, Augsbourg, Ulm, Stuttgart, Bretten ou Jagstfeld, Heidelberg, Manheim, Ludwigshafen. — **2e cl.** : 47 m. 40 pf. — (*Ludwigshafen*).

21-C. — Même tour pour Kaiserslautern. — **2e cl.** : 58 m. 50 pf. (*Kaiserslautern*).

22. Munich, Augsbourg, Ulm, Stuttgart.

a. — Bretten, Heidelberg, Darmstadt.
b. — Jagstfeld, Eberbach ou Meckesheim, Heidelberg, Darmstadt.
c. — Bretten, Heidelberg, Manheim, Ludwigshafen ou Lampertheim, Worms.
e. — Jagstfeld, Eberbach, Erbach, Darmstadt (par Mayence), Bingen ou Wiesbaden, Rüdesheim, Coblentz ou Ehrenbreitstein, Cologne.
a. — Coblentz ou Ehrenbreitstein, Bingen, Mayence, Darmstadt ou Francfort, Aschaffembourg.
b. — Coblentz ou Ehrenbreitstein, Ridesheim, Wiesbaden, Francfort, Aschaffembourg.
c. — Coblentz ou Ehrenbreitstein, Limbourg, Wiesbaden ou Eppstein, Francfort, Aschaffembourg (par Wurtzbourg), Nuremberg, Ratisbonne, Munich. *(Munich, Cologne, Duisbourg, Osnabrück, Dusseldorf, Dortmund.)* — **2e cl.** : 65 m. 70 pl.

23. — Francfort ou Darmstadt, Aschaffembourg, Wurtzbourg, Nuremberg, Ratisbonne, Passau, Schording, Altnang, Gmunden, Ischl, Halstatt, Aussig, Steinach, Irding, Bischofshofen, Worgl, Kufstein, Rosenheim, Munich (par Grafing ou Holzkirchen), Ingolstadt, Ausach, Wurztbourg, Aschaffembourg, Francfort ou Darmstadt. — **2e cl.** : 66 m. 30 pf. — (*Francfort-Darmstadt*). — La même voie par Mayence : 70 m. 50 pf.

24. — Munich, Rosenheim, Salzbourg, Lintz, Vienne, Lintz, Passau, Ratisbonne (*Munich*). — **2e cl.** : 47 m. 10 pf. — — (*Munich-Ratisbonne-Vienne*).

27. — Nuremberg, Ratisbonne, Passau, Lintz, Vienne, Brünn, Prague, Pilsen, Furth, Schwandorf, Nuremberg. — **2e cl.** : 60 m. 60 pf. — (*Nuremberg-Brün-Prague*).

28. — Carlsruhe, Pforzheim, Mühlacker, Stuttgart, Ulm, Augsbourg, Munich, Ratisbonne, Nuremberg, Bamberg, Wurtzbourg, Heidelberg, Carlsruhe. — **2e cl.** : 45 m. 70. pf. — (*Karlsruhe-Fribourg-Heidelberg*).

29. — Francfort.

a. — Darmstadt, Heidelberg, Bruchsal, Bretten.
b. — Darmstadt, Heidelberg, Eberbach ou Mekesheim, Jagstfeld.
c. — Hanau, Erbach, Eberbach, Jagstfeld (par Stuttgart), Ulm, Augsbourg, Munich, Rosenheim, Salzbourg, Lintz, Vienne, Lintz, Passau, Ratisbonne, Nuremberg, Wurtzbourg, Aschaffembourg, Francfort. — **2e cl.** : 78 m. 40 pf. — (*Francfort-Vienne*).

31. — Stuttgart, Plochingen, Reutlingen, Tübingen, Harb, Rottweil, Villingen, Triberg, Hausach, Offenbourg, Kehl, Strasbourg, Vissenbourg ou Kehl, Maxau ou Bade, Carlsruhe, Pforzheim, Mühlacker ou Calw, Stuttgart. — **2e cl.** : 35 m. 50 pf. — (*Stuttgart-Strasbourg*).

37. — Stuttgart, Ulm, Augsbourg, Munich, Rosenheim, Salzbourg, Lintz, Vienne, Lintz, Passau, Ratisbonne, Nuremberg, Nordlingen ou Grailsheim, Aalen ou Heilbronn, Stuttgart. — **2e cl.** : 68 m. 40 pf. — (*Stuttgart-Heilbronn-Vienne*).

38. — Cologne.

a. — Coblentz ou Ehrenbreitstein, Bingen, Mayence, Francfort ou Darmstadt.
b. — Coblentz ou Ehrenbreistein, Rüdesheim, Wiesbaden, Francfort.
c. — Coblentz ou Ehrenbreitstein, Limbourg, Wiesbaden ou Eppstein, Francfort par Aschaffenbourg, Wurtzbourg, Nuremberg, Ratisbonne, Passau, Lintz, Vienne, Lintz, Salzbourg, Bischofshofen, Zelh, Worgl, Kufstein, Rosenheim, Munich (par Grafing ou Holzkirchen), Augsbourg, Ulm, Stuttgart.
a. — Bretten, Bruchsal, Heidelberg, Darmstadt.
b. — Jagstfeld, Erbach ou Mekesheim, Heidelberg, Darmstadt.

c. — Bretten, Heidelberg, Manheim, Ludwigshafen ou Lampertheim, Worms.
b. — Jagstfeld, Eberbach ou Mekesheim, Heidelberg, Manheim, Ludwigshafen ou Lampertheim, Worms.
e. — Jagstfeld, Eberbach, Erbach, Darmstadt par Mayence, Bingen, Coblentz, Cologne. — **2e cl.** : 106 m. 40 pf. — (*Bruxelles, Londres, Paris, Anvers, Vienne*).

41. — Munich, Augsbourg, Ulm, Stuttgart, Mühlacker, Carlsruhe ou Bretten, Maxau ou Germersheim, Landau, Neustadt, Speyer, Ludwigshafen, Heidelberg, Mosbach ou Jagstfeld, Wurtzbourg, Fürth ou *Crailsheim, Ausbach, Nuremberg, Insgolstadt, Munich*. — **2e cl.** : 46 m. 10 pf. — (*Ludwigshafen, Speyer, Neustadt, Landau*).

42. — Francfort-sur-le-Mein.
a. — Darmstadt, Heidelberg, Bruchsal, Bretten.
b. — Darmstadt, Heidelberg, Eberbach ou Meckesheim, Jagstfeld.
c. — Hanau, Erbach, Eberbach, Jagstfeld (par Stuttgart), Ulm, Augsbourg, Munich, Ingolstadt, Ausbach, Wurtzbourg, Aschaffembourg, Francfort-sur-le-Mein. — **2e cl.** : 41 m. 70 pf. (*Francfort-Munich*).

45-A. — Manheim.
a. — Heidelberg ou Schwetzingen, Carlsruhe.
b. — Heidelberg, Bruchsal, Carlsruhe ou Bretten (par Mühlacker), Stuttgart, Ulm, Augsbourg, Munich, Ingolstadt, Eichstadt, Nuremberg, Furth, Wurtzbourg, Aschaffembourg, Francfort ou Darmstadt.
a. — Mayence, Worms, Ludwigshafen, Manheim, Friedrichsfeld, Manheim.
c. — Lampertheim, Manheim. — **2e cl.** : 47 m. 50 pf. — (*Manheim*).

51. — Strasbourg, Colmar, Mulhouse, Leopoldhohe, Schaffhouse (Neuhausen), Constance, Lindau, Kempten, Munich, Augsbourg, Ulm, Stuggart, Mühlacker, Carlsruhe, Strasbourg. — **2e cl.** : 50 m. (*Strasbourg*).

53. — Vienne, Lintz, Salzbourg, Rosenheim, Kufstein, Innsbrück, Sterzing, Franzensfeste, Bruneck, Niederdorf, Lienz. Sachsenbourg, Villach, Clagenfurt, Marbourg, Graz, Vienne. — **2e cl.** : 54 m. 60 pf. — **3e cl.** : 35 m. 10 pf. (*Vienne, Linz, Rosenheim, Munich, Franzensfeste, Innbrück, Villach, Marbourg, Graz*).

ALLEMAGNE — AUTRICHE — SUISSE

On délivre les billets du 1er mai au 30 septembre. — Les billets ont une validité de 30 jours. Le voyage peut être interrompu aux stations désignées sur le billet. Les possesseurs de billets circulaires jouissent d'une réduction de 20 °/o sur le chemin de fer du Rigi.

2. — Munich, Buchloe, Kempten, Lindau, Romanshorn, Winterthur, Schaffhouse, Winterthur, Zurich, Zug, Lucerne, Fluelen (ou Alpnach, ou une autre station du lac), Lucerne, Zurich, Romanshorn (directement ou par Rorschach), Lindau, Kempten, Augsbourg, Munich. — **2e cl.** : 46 m. 80 pf.

3. — Nuremberg, Ingolstadt, Munich, Buchloe, Kempten, Lindau (directement ou par Rorschach), Romanshorn, Winterthur, Schaffhouse, Winterthur, Zurich, Zug, Lucerne, Fluelen (ou Alpnach ou une autre station du lac), Lucerne, Zurich, Romanshorn (directement ou par Rorschach), Lindau, Kempten, Augsbourg, Nuremberg. — **2e cl.** : 62 m. 20 pf.

7. — Berlin, Jüterbog, Wittemberg, Leipzig, Reichenbach, Eger, Ratisbonne, Munich, Buchloe, Kempten, Lindau (directement ou par Rorschach), Romanshorn, Winterthur, Schaffhouse, Winterthur, Zurich, Aarau, Olken (Wangen), Biel, Neuchâtel, Genève, Lausanne, Berne, Thun (Scherzligen), Interlaken, Brienz, Fluelen (ou Alpnach ou une autre station du lac), Lucerne, Zug, Zurich, Romanshorn (directement ou par Rorschach), Lindau, Kempten, Augsbourg, Nuremberg, Bamberg, Hof, Reichenbach, Leipzig, Wittemberg, Jüterbog, Berlin. — **2e cl.** : 134 m. 50 pf.

8. — Dresde (Altst.), Chemnitz, Reichenbach, Eger, Ratisbonne, Munich, Buchloe, Kempten, Lindau (direct ou par Rorschach), Romanshorn, Winterthur, Schaffhouse, Winterthur, Zurich, Aarau, Olken (Wangen), Biel, Neuchâtel, Genève, Lausanne, Berne, Thun (Scherzligen), Interlaken, Brienz, Fluelen (ou Alpnach ou une autre station du lac), Lucerne, Zug, Zurich, Romanshorn (directement ou par Rorschach), Lindau, Kempten, Augsbourg, Nuremberg, Bamberg, Hof, Reichenbach, Chemnitz, Dresde. — **2e cl.** : 124 m. 80 pf.

9. — Leipzig (Bayr), Reichenbach, Eger, Ratisbonne, Munich, Buchloe, Kempten, Lindau (directement ou par Rorschach), Romanshorn, Winterthur, Schaffhouse, Winterthur, Zurich, Aarau, Olken (Wangen), Biel, Neuchâtel, Genève, Lausanne, Berne, Thun (Scherzligen), Interlaken, Brienz, Fluelen (ou Alpnach ou une autre station du lac), Lucerne, Zug,

Zurich, Romanshorn (directement ou par Rorschach), Lindau, Kempten, Augsbourg, Nuremberg, Bamberg, Hof, Reichenbach, Leipzig (Bayr). — **2e cl.** : 118 m. 50 pf.

10. — Magdebourg, Halle, Leipzig, Reichenbach, Eger, Ratisbonne, Munich, Buchloe, Kempten, Lindau (directement ou par Rorschach), Romanshorn, Winterthur, Schaffhouse, Winterthur, Zurich, Aarau, Olken (Wangen), Biel, Neuchâtel, Genève, Lausanne, Berne, Thun (Scherzligen), Interlaken, Brienz, Fluelen (ou Alpnach ou une autre station du lac), Lucerne, Zug, Zurich, Romanshorn (directement ou par Rorschach, Lindau, Kempten, Augsbourg, Nuremberg, Bamberg, Hof, Reichenbach, Leipzig, Halle, Magdebourg. — **2e cl.** : 129 m. 30 pf.

11. — Prague, Pilsen, Furth, Schwandorf, Ratisbonne, Munich, Kempten, Lindau (directement ou par Rorschach), Romanshorn, Winterthur, Schaffhouse, Winterthur, Zurich, Aarau, Olken (Wangen), Biel, Neuchâtel, Genève, Lausanne, Berne, Thun (Scherzligen), Brienz, Interlaken, Fluelen (ou Alpnach ou une autre station du lac), Lucerne, Zug, Zurich, Romanshorn (directement ou par Rorschach), Lindau, Kempten, Augsbourg, Nuremberg, Schwandorf, Furth, Pilsen, Prague. — **2e cl.** : 113 m. 40 pf.

12. — Vienne, Lintz, Simbach ou Salzbourg, Rosenheim, Munich, Buchloe, Kempten, Lindau (directement ou par Rorschach), Romanshorn, Winterthur, Schaffhouse, Winterthur, Zurich, Aarau, Olken (Wangen), Biel, Neuchâtel, Genève, Lausanne, Berne, Thun (Scherzligen), Romanshorn (directement ou par Rorschach), Lindau, Kempten, Augsbourg, Donauwerth, Ingolstadt, Kelheim, Ratisbonne, Passau, Wels, Lintz, Vienne. — **2e cl.** : 118 m. 60 pf.

14. — Munich, Augsbourg ou Buchloe, Lindau (directement ou par Rorschach), Romanshorn, Winterthur, Schaffhouse, Winterthur, Munich, Aarau, Olken (Wangen), Biel, Neuchâtel, Genève, Lausanne, Berne, Thun (Scherzligen), Interlaken, Brienz, Fluelen (ou Alpnach ou une autre station du lac), Lucerne, Zug, Zurich, Romanshorn (directement ou par Rorschach), Lindau, Buchloe ou Augsbourg, Munich. — **2e cl.** : 68 m. 80 pf.

18. — Augsbourg, Kempten, Lindau, Rorschach, Ragatz, Chur, Glarus (par Thalweil ou par Wallisellen), Zurich, Winterthur, Schaffhouse, Winterthur, Romanshorn (directement ou par Rorschach), Lindau, Kempten, Augsbourg. — **2e cl.** : 39 m. 30 pf.

20. — Nuremberg, Ingolstadt, Munich, Buchloe, Kempten, Lindau, Rorschach, Ragatz, Chur, Glarus (par Thalweil ou Wallisellen), Zurich, Winterthur, Schaffhouse, Winterthur, Romanshorn (directement ou par Rorschach), Lindau, Kempten, Augsbourg, Nuremberg. — **2e cl.** : 59 m. 20 pf.

22. — Salzbourg, Rosenheim (par Holzkirchen ou Grafing), Munich, Buchloe, Kempten, Lindau, Rorschach, Ragatz, Chur, Glarus (par Thalweil ou Wallisellen), Zurich, Winterthur, Schaffhouse, Winterthur, Romanshorn (directement ou par Rorschach), Lindau, Kempten, Augsbourg, Munich (par Grafing ou par Holzkirchen), Rosenheim, Salzbourg. — **2e cl.** : 59 m. 60 pf.

23. — Berlin, Jüterborg, Wittemberg, Leipzig, Reichenbach, Eger, Ratisbonne, Munich, Buchloe, Kempten, Lindau, Rorschach, Ragatz, Chur, Glarus (par Thalweil ou Wallisellen), Zurich, Winterthur, Schaffhouse, Winterthur, Romanshorn, (directement ou par Rorschach), Lindau, Kempten, Augsbourg, Nuremberg, Bamberg, Hof, Reichenbach, Leipzig, Wittenberg, Jüterbog, Berlin. — **2e cl.** : 109 m. 60 pf.

24. — Dresde (Altst), Chemnitz, Reichenbach, Eger, Ratisbonne, Munich, Buchloe, Kempten, Lindau, Ragatz, Chur, Glarus (par Thalweil ou Waliseillen), Zurich, Winterthur, Schaffhouse, Winterthur, Romanshorn (directement ou par Rorschach), Lindau, Kempten, Augsbourg, Nuremberg, Bamberg, Itof, Reichenbach, Chemnitz, Dresde. — **2e cl.**: 99 m. 80 pf.

25. — Leipzig (Bayr), Reichenbach, Eger, Ratisbonne, Munich, Buchloe, Kempten, Lindau, Rorschach, Ragaz, Thun, Glarus (par Thalweil ou Wallisllen), Zurich, Winterthur, Schaffhouse, Winterthur, Romanshorn (directement ou par Rorschach, Lindau, Kempten, Augsbourg, Nuremberg, Bamberg, Hof, Reichenbach, Leipzig. — **2e cl.** : 93 m. 50 pf.

27. — Prague, Pilsen, Eisenstein, Plattling, Ratisbonne, Munich, Buchloe, Kempten, Lindau, Rorschach, Ragatz, Chur, Glarus (par Thalweil ou Wallisellen), Zurich, Winterthur, Schaffhouse, Winterthur, Romanshorn (directement ou par Rorschach), Lindau, Kempten, Augsbourg, Nuremberg, Schwandorf, Furth, Pilsen, Prague. — **2e cl.** : 91 m. 50 pf.

28. — Vienne, Linz, Limbach ou Salzbourg, Mühldorf ou Rosenheim, Munich, Buchloe, Kempten, Lindau, Rorschach, Ragaz, Thun, Glarus. (par Thalweill ou Wallisellen), Zurich, Winterthur, Schaffhouse, Winterthur, Romanshorn (directement ou par Rorschach), Lindau, Kempten, Augsbourg, Ingolstadt, Kelheim, Ratisbonne, Passau, Wels, Linz, Vienne. — **2e cl.** : 92 m. 70 pf.

29. — Berlin, Jüterbog, Wittemberg, Leipzig, Reichembach, Eger, Ratisbonne, Munich, Buchloe, Kempten, Lindau (directement ou par Rorschach), Romanshorn, Winterthur, Schaffouse, Winterthur, Zurich, Aarau, Olten, Berne, Thun (Scherzligen, Interlaken, Brienz, Fluelen (ou Alpnach ou autre station du lac), Lucerne, Zug, Zurich, Romanshorn (directement ou par Rorschach), Lindau, Kempten, Augsbourg, Nuremberg, Damberg, Hof, Reichenbach, Leipzig, Wittemberg, Jüterbog, Berlin. — **2e cl.** : 120 m.

31. — Munich, Buchloe ou Augsbourg, Kempten, Lindau (directement ou par Rorschach), Romanshorn, Winterthur, Schaffouse, Winterthur, Zurich, Brugg, Stein, Bâle, Delsberg, Biel, Lyss, Berne, Thun (Scherzligen), Interlaken, Brienz, Fluelen (ou Alpnach ou une autre station du lac), Lucerne, Zug, Zurich, Romanshorn (directement ou par Rorschach), Lindau, Strasbourg, Munich. — **2e cl.** : 59 m.

34. — Munich, Buchloe ou Augbourg, Kempten, Lindau (directement ou par Rorschach), Romanshorn, Winterthur, Schaffhouse, Winterthur, Zurich, Brugg, Stein, Bâle, Delsberg, Biel, Neuchâtel, Genève, Lausanne, Berne, Thun (Scherzligen), Interlaken, Brienz, Fluelen (Alpnach ou une autre station du lac), Lucerne, Zug, Zurich, Romanshorn, (directement ou par Rorschach), Lindau, Kempten, Augsbourg, Munich. — **2e cl.** : 72 m.

35. — Berlin, Jüterbog, Wittemberg, Leipzig, Reichenbach, Eger, Ratisbonne, Munich, Buchloe, Kempten, Lindau, Romanshorn, Winterthur, Schaffhouse, Winterthur, Zurich, Brugg, Stein, Bêle, Delsberg, Biel, Neuchâtel, Genève, Lausanne, Berne, Thun (Scherzligen), Interlaken, Brienz (Fluelen ou Alpnach ou une autre station du lac), Lucerne, Zug, Zurich, Romanshorn (directement ou par Rorschach), Lindau, Kempten, Augsbourg, Nuremberg, Bamberg, Hof, Reichenbach, Leipzig, Wittemberg, Jüterbog, Berlin. — **2e cl.** : 119 m. 70 pf.

36. — Munich, Buchloe (ou Augsbourg), Kempten, Lindau, Romanshorn, Winterthur, Schaffhouse, Winterthur, Zurich, Brugg, Stein, Bâle, Delsberg, Biel, Lyss, Berne, Langnau, Lucerne, Fluelen (Alpnach ou autre station du lac), Lucerne, Zug, Zurich, Romanshorn (directement ou par Rorschach), Lindau. Kempten, Augsbourg, Munich. — **2e cl.** : 58 m. 50 pf.

41. — Pilsen, Eisenstein, Plattling, Ratisbonne, Munich, Buchloe, Lindau (directement ou par Rorsach), Romanshorn, Winterthur, Zurich, Turgi, Waldshut, Schaffhouse, Constance, Friedrichshafen, Ulm, Augsbourg, Nuremberg, Schwadorf, Furth, Pilsen. — **2e cl.** : 79 m. 90 pf.

12. — Prague, Saaz, Komotau, Carlsbad, Eger, Ratisbonne, Munich, Buchloe, Kempten, Lindau (directement ou par Rorschach), Romanshorn, Winterthur, Schaffhouse, Winterthur, Zurich, Aarau, Olten (Wangen), Biel, Neuchâtel, Genève, Lausanne, Berne, Thun (Scherzligen), Interlaken, Brienz, Fluelen (Alpnach ou une autre station du lac), Lucerne, Zug, Zurich, Romanshorn (directement ou par Rorschach), Lindau, Kempten, Augsbourg, Nurembérg, Oberkotzau, Franzensbad, Carlsbad, Komota, Saaz, Prague. — **2e cl.** : 124 m. 90 pf.

SUISSE ET LAC DE CONSTANCE

Les billets de 1 à 8, 11 à 30, 44 à 52, 52-A à 54-B ont une validité de 30 jours, de 39 à 45, validité de 10 jours.

1. — Darmstadt, Heidelberg, Bruchsal, Carlsruhe, Rastadt ou Appenveier, Offembourg, Dinglingen, Fribourg, Mulheim, Bâle, Olten, Lucerne, Fluelen, Lucerne, Zug, Zurich, Brugg, Stein, Bâle, Mulheim, Fribourg, Dinglingen, Offembourg, Appenveier, Oos, Rastadt, Carlsruhe, Bruchsal, Heidelberg, Darmstadt et retour (du 1er mai à la fin de septembre).

			2e cl.		3e cl.	
Prix, en partant de	Cologne,		m. 88	30 pf.	m. 63	» pf.
—	—	Bonn . . .	85	80	61	30
—	—	Coblentz . .	79	30	56	30
—	—	Mayence . .	47	90	32	60
—	—	Francfort. .	47	90	32	60
—	—	Darmstadt .	45	60	31	20
—	—	Ems. . . .	60	40	40	10
—	—	Wiesbaden.	52	30	34	80

2. — Francfort, Darmstadt, Heidelberg, Offenbourg, Triberg, Bingen, Schaffhouse (Neuhausen), Zurich, Zug, Lucerne, Fluelen, Olten, Bâle, Mulheim, Fribourg, Dinglingen, Offenbourg, Appenveier, Oos, Rastadt, Carlsruhe, Bruchsal, Heidelberg, Darmstadt, Francfort.

De Francfort . . m. 68 10 pf. m. 48 90 pf. m. 34 20 pf.
— pour Wieden, Manheim, Heidelb. m. 68 10 pf. m. 48 90 pf. m. 34 20 pf.

De Darmstadt. . .	m. 64 40 pf.	m. 46 40 pf	m. 32 30 pf.
D'Ems.	85 90	61 40	47 70
De Wiesbaden . .	73 80	53 30	36 70

1er mai — 1er octobre

3. — Zurich, Winterthur.

4. — Francfort, Darmstadt, Heidelberg, Carlsruhe, Rastadt, Oos, Appenveier, Offenbourg, Fribourg, Mulheim, Bâle, Délémont, Bienne, Berne, Lucerne, Fluelen, Lucerne, Zug, Zurich, Baden, Mulheim, Fribourg, Dinglingen (à Offeubourg ou à Zurich par Winterthur), Schaffhouse, Singen, Triberg (à Offenbourg), Appenveier, Carlsruhe, Darmstadt, Francfort.

Prix en marks et pfennigs.

En partant de Francfort. .	55 20	38 80
— Darmstadt .	52 70	36 90
— Bâle. . . .	39 05	27 20

Billets délivrés du *1er mai à fin septembre.*

4-A. — Strasbourg, Bade, Délémont, Biel, Berne, Lucerne, Fluelen, Lucerne, Zug, Zurich, Stein. Bâle, Strasbourg. — Prix : **2e cl.** : 34 m. — **3e cl.** : 23 m. 90. — Du *1er mai à fin septembre.*

5. — Wissembourg, Strasbourg, Bâle, Olten, Lucerne, Fluelen, Lucerne, Zug, Zurich, Brug, Stein, Bade, Strasbourg, Wissembourg. — Départ de Strasbourg. — Prix : **2e cl.** : 27 m. 70. — **3e cl.** : 19 m. 40. — Du *1er mai à fin septembre.*

6. — Darmstadt, Heidelberg, Bâle, Lucerne, Fluelen, Lucerne, Zug, Zurich, Stein, Bâle, Wissembourg. — Départ de Cologne. — Prix : **2e cl.** : 88 m. 30. — **3e cl.** : 63 m. — Du *1er mai à fin septembre.*

7. — Darmstadt, Heidelberg, Carlsruhe, Offenbourg, Bâle, Olten, Lucerne, Fluelen, Lucerne, Zug, Zurich, Lindau, Munich, Ingolstadt, Wurtzbourg, Aschaffenbourg. — Départ de Darmstadt. — Pris : **2e cl.** : 64 m.

11. — (*Oberland bernois*), Darmstadt, Heidelberg, Bruchsal, Carlsruhe, Rastadt, Oos, Appenveier, Offenbourg, Dinglingen, Fribourg, Mulhouse, Bâle, Olten, Berne, Thun, Darlingen, Interlaken, Brienz et Fluelen, Lucerne, Olten, Bâle, Fribourg, Dinglingen, Offenbourg, Oos, Rastadt, Karlsruhe, Heidelberg. —Départ de Darmstadt. — Prix : **2e cl.** : 48 m. — **3e cl.** : 32 m. 30. — Du *1er mai à fin septembre.*

12. — *Oberland bernois.* — Francfort, Darmstadt, Heidelberg, Bruchsal, Carlsruhe, Rastadt, Oos, Appenveier, Fribourg, Mulhouse, Bâle, Délémont, Berne, Thun, Interlaken, Brienz ou Fluelen, Lucerne, Zug, Zurich, Brugg, Stein, Bâle, Mulhouse, Fribourg ; et même route que l'aller, en sens inverse, jusqu'à Francfort. — Départ de Francfort. — Prix : **2e cl.**: 54 m. 40. — **3e cl.** : 37 m. — *Du 1er mai à fin septembre.*

AUTRICHE-HONGRIE et ALLEMAGNE

Billets délivrés seulement du 1er mai au 30 septembre : La validité des billets est : pour les nos 50, 50-*a*, de 45 jours, et de 30 jours pour les autres. On accorde 25 kil. de bagages.

1. — Berlin, Francfort-sur-l'Oder, Greiffenberg, Liebau, Parschnitz, Josephstadt, Koniggratz, Prague, Bodenbach, Schandau, Konigstein, Dresde, Roderau, Berlin. — Prix : **2e cl.**: 48 m. 10. — **3e cl.**: 33 m. 30.

2. — Berlin, Roderau, Dresde, Schandau, Prague, Brünn, Vienne, Kolin, Brünn, Chotzen, Tinischt, Mittelwalde, Habelschwerdt, Glatz, Mittelstein, Neurode, Charlottenbrünn, Hirchsberg, Francfort-sur-l'Oder, Berlin. — Prix : **2e cl.** : 79 m. 50. — **3e cl.**: 54 m. 20.

3. — Berlin, Gorlitz, Friedland, Reichenberg, Turnau, Alt-Paka, Kolin, Brünn, Vienne (ou Tetschen, Aussig, Leitmeritz, Kolin, Znaïm, Vienne), Brünn, Kolin, Prague, Aussig, Bodenbach, Schandau, Konigstein, Dresde, Roderau, Berlin. — Prix : **2e cl.** : 76 m. 10. — **3e cl.**: 51 m. 20.

6. — Berlin, Gorlitz, Seidenberg, Friedland, Reichenberg, Turnau, Alt-Paka, Kolin, Brünn ou Znaïm, Vienne, Linz, Salzbourg, Rosenheim, Munich, Ratisbonne, Weiden, Eger, Plauen, Reichenbach, Altenbourg, Leipzig, Berlin. — Prix : **2e cl.**: 105 m. — **3e cl.** : 73 m. 10.

8. — Berlin, Roderau, Dresde, Konigstein, Schandau, Bodenbach, Aussig, Kralup, Prague, Gmünd, Vienne, Linz, Salzbourg, Rosenheim, Munich, Nuremberg, Bamberg, Hof, Reichenbach, Altembourg, Leipzig, Berlin. — Prix : **2e cl.**: 109 m. 50. — **3e cl.** : 76 m. 90.

9. — Berlin, Francfort-sur-l'Oder, Greiffenberg, Hirchsberg, Charlottenbrünn, Neurode, Mittelstein, Glatz, Habelschwerdt, Mittelwalde, Koniggratz, Chlumetz, Nimbourg, Prague, Neratowitz, Vsletat, Leitmeritz, Scherckenstein, Tetschen,

Schandau, Konigstein, Pirna, Dresde, Roderau, Berlin. — Prix : **2e cl.**: 56 m. 50. — **3e cl.**: 37 m. 50.

10. — Berlin, Roderau, Dresde, Pirna, Konigstein, Schandau, Tetschen, Aussig, Leitmeritz, Lissa (Prague), Nimbourg, Kolin, Iglau, Znaïm, Vienne, Brünn, Pardubitz, Koniggratz, Josephstadt, Parschnitz, Liebau, Hirschberg, Francfort-sur-l'Oder, Berlin. — Prix : **2e cl.**: 78 m. 50. — **3e cl.**: 52 m. 60.

12. — Breslau, Gorlitz, Dresde, Konigstein, Schandau, Tetschen, Aussig, Leitmeritz, Vsetat, Prague, Nimbourg, Chlumetz, Alpaka, Trautenau, Parschnitz, Liebau, Charlottenbrunn, Neurode, Mittelsteine, Glatz, Camenz, Breslau. — Prix : **2e cl.** : 44 m. 20. — **3e cl.** : 29 m. 90.

14. — Breslau, Camenz, Glatz, Habelschwerdt, Mittelwalde, Koniggratz, Chlumetz, Nimbourg, Prague, Neratowitz, Vsetat, Leitmeritz, Schrekenstein (Aussig), Tetschen, Schandau, Konigstein, Pirna, Dresde, Gorlitz, Hirschberg, Charlottenbrünn, Neurode, Mittelsteine, Glatz, Breslau. — Prix : **2e cl.** : 49 m. 30. — **3e cl.** : 31 m. 60.

15. — Breslau, Konigszelt, Fribourg, Altwasser, Charlottenbrunn, Neurode, Mittelsteine, Glatz, Habelschwerdt, Mittelwalde, Koniggratz, Chlumetz, Nimbourg, Prague, Bodenbach, Schandau, Konigstein, Pirna, Dresde, Gorlitz, Hirchsberg, Dittersbach, Altwasser, Fribourg, Konigszelt, Breslau. — Prix : **2e cl.** : 46 m. 90. — **3e cl.** : 29 m. 90.

20. — Breslau, Camenz, Mittelwalde, Koniggratz, Chlumetz, Nimbourg, Prague, Aussig *via* Kralup, Teplitz, Komotau, Carlsbad, Franzensbad, Ratisbonne, Munich, Rosenheim, Salzbourg, Linz, Vienne, Oderberg, Ratibor, Cosel, Kanorzin, Breslau. — Prix : **2e cl.** : 104 m. 40. — **3e cl.** : 69 m. 20.

23. — Breslau, Konigszelt, Halbstadt, Chotzen, Prague, Saatz, Komotau, Carlsbad, Franzensbad, Ratisbonne, Munich, Rosenheim, Salzbourg, Linz, Vienne, Brunn, Chotzen, Halbstadt, Konigszelt, Breslau. — Prix : **2e cl.** : 95 m. 20. — **3e cl.** : 66 m.

25. — Breslau, Camenz, Mittelwalde, Koniggratz, Chlumetz, Nimbourg, Prague, Zdic, Pilsen, Klattau, Eisenstein, Platling, Ratisbonne, Munich, Rosenheim, Salzbourg, Linz, Vienne, Oderberg, Ratibor, Cosel, Kanorzin, Breslau. — Prix : **2e cl.** : 100 m. 20. — **3e cl.** : 67 m.

39. — Breslau, Liegnitz, Konigszelt, Halbstadt, Chotzen, Prague, Saatz, Komotau, Carlsbad, Eger, Marienbad, Pilsen, Zdic, Prague, Aussig, Bodenbach, Schandau, Konigstein,

Dresde, Gorlitz, Hirchsberg, Altwasser, Konigszelt, Liegnitz, Breslau. — Prix : **2e cl.** : 65 m. — **3e cl.** : 44 m.

47. — Dresde, Konigstein, Schandau, Bodenbach, Aussig, Kralup, Prague (ou Tetschen, Aussig, Leitmeritz, Vsetat, Prague), Gmund, Vienne, Linz, Attnang, Ichl, Steinach, Irdning, Bischofshofen, Salzbourg, Rosenheim, Munich, Ratisbonne, Weiden, Eger (ou Munich, Ratisbonne, Weisen ou Nuremberg, Bamberg, Hof), Plauen, Reichenbach, Zwickau, Glauchau, Chemnitz, Frieberg, Dresde. — Prix : **2e cl.** : 103 m. 40. — **3e cl.** : 71 m. 70.

50. — Hambourg, Berlin, Roderau (ou Zossen), Dresde, Pirna, Konigstein, Schandau, Tetschen, Aussig, Leitmeritz, Lissa (Prague), Nimbourg, Kolin, Iglau, Znaïm, Vienne, Linz, Salzbourg, Rosenheim, Munich, Nuremberg, Bamberg, Hof, Reichenbach, Altembourg, Leipzig, Berlin, Hambourg. — Prix : **2e cl.** : 136 m. 10. — **3e cl.** : 95 m. 80.

50-A. — Hambourg. — Uelzen. Magdebourg, Halle, Leipzig, Dresde, Pirna, Konigstein, Schandau, Tetschen, Aussig, Leitmeritz, Lissa (Prague), Nimbourg, Kolin, Iglau, Znaïm, Vienne, Linz, Salzbourg, Rosenheim, Munich, Nuremberg, Bamberg, Hof, Reichenbach, Altenbourg, Leipzig, Halle, Magdebourg, Stendal, Uelzen, Hambourg. — Prix : **2e cl.** : 136 m. 40. — **3e cl.** : 96 m. 40.

51. — Leipzig, Altenbourg, Reichenbach, Elster, Franzensbad, Eger, Marienbad, Pilsen, Budweis, Vienne, Gmund, Prague, Aussig, Bodenbach, Schandau, Konigstein, Dresde, Leipzig. — Prix : **2e cl.** : 74 m. 30. — **3e cl.** : 49 m. 80.

53. — Leipzig, Altenbourg, Reichenbach, Elster, Franzensbad, Eger, Marienbad, Pilsen, Budweiss, Linz, Salzbourg, Rosenheim, Munich. Ratisbonne, Weiden, Eger, Plauen, Reichenbach, Altenbourg, Leipzig. — Prix : **2e cl.** : 81 m. 10. — **3e cl.** : 56 m. 70.

55. — Leipzig, Altenbourg, Reichenbach, Elster, Franzensbad, Eger, Marienbad, Pilsen, Budweiss, Vienne, Znaïm, Iglau, Kolin, Nimbourg, Leitmeritz, Aussig, Tetschen, Schandau, Konigstein, Pirna, Dresde, Leipzig. — Prix : **2e cl.** : 74 m. 10. — **3e cl.** : 49 m. 50.

Quatrième Partie

RENSEIGNEMENTS PRATIQUES

Nous prions instamment les membres de la Société de nous envoyer après leur voyage en France ou à l'étranger des renseignements de cette nature ; c'est ainsi que nous parviendrons à avoir une foule d'informations sûres et précises. Nous donnons dès cette année les indications que nous pouvons fournir.

Comme on le verra, nous donnons le cadre de notre futur manuel, et ce modeste début est bien loin de répondre à tous nos désirs. Aussi, prions-nous tous les sociétaires de nous envoyer beaucoup de renseignements pratiques pour notre manuel de 1886.

Nous avons l'intention de désigner dans les grandes villes d'Europe un certain nombre d'hôtels confortables qui recevront les sociétaires à prix réduit. Dès cette années deux hôtels de Lyon consentent à recevoir les membres de l'*Union des Touristes français* au prix de 5 fr. par jour. Ils donneront pour cette somme deux repas et la chambre (menu du repas : potage, 3 plats, 2 ou 3 desserts, pain, etc). Chaque repas sera compté 1,75 et la chambre 1,50. Ces hôtels sont : Hôtel Causse, quai de la Charité, 44, près la gare de Perrache, et Hôtel de la Petite Bombarde, rue de la Bombarde, derrière le Palais de Justice. Nous avons déjà écrit à plusieurs hôtels d'Athènes, et nous espérons que plusieurs d'entre eux accepteront les mêmes conditions. Nous recommandons aux sociétaires de proposer les mêmes conditions aux hôtels de second ou 3e ordre qu'ils connaîtraient dans les grandes villes de France et de l'étranger. Les sociétaires qui auraient à se plaindre des hôtels de la Société feront parvenir leurs plaintes au bureau de l'Union. Pour tout ce qui concerne les hôtels, écrire le mot « hôtel » sur les enveloppes des lettres adressées à la Société.

ALLEMAGNE

Dans les villes d'Université, on trouvera assez facilement des chambres meublées lorsqu'on voudra faire un séjour d'une semaine. Nous conseillons beaucoup aux jeunes Français qui voudraient se familiariser avec la langue allemande, de passer quelque temps dans une ville d'Université; ils se mettront immédiatement en relation avec des étudiants, et ils pourront causer allemand. Lorsqu'on ne connaîtra personne, il suffira de mettre sur le tableau de l'Uuiversité, une affiche indiquant qu'un Français désirerait avoir chaque jour quelques heures de conversation en allemand et en français avec quelques étudiants. Les cours des Universités allemandes se terminent vers le 5 ou 6 août ; ils reprennent ordinairement dans les premiers jours d'octobre. Un étudiant français peut donc sans interrompre ses études passer le mois d'octobre en Allemagne ; il apprendra plus d'allemand dans ce mois de séjour qu'il n'en a appris au collége pendant dix ans. Nous donnons les prix de séjour dans les villes de Heidelberg, Gœttingen, Tubingen et Munich. On pourra se baser sur les renseignements que nous donnons pour calculer à très peu de chose près le prix d'un séjour dans n'importe quelle ville de l'Allemagne.

HEIDELBERG : Deutsches Haus, près de l'Université ; on y donne des cachets (abonnements) pour les repas du matin et pour ceux du soir : le matin avec 70 pfennigs (60 c.) on a un potage, deux plats de viande, un plat de légumes et un dessert trois fois par semaine; le vin et la bière se paient à part ; on n'a droit qu'à un petit morceau de pain ; il faut ausssi payer 7 à 10 pfennigs de supplément de pain. — Le soir on donne aussi des cachets de 50 pfennigs (potage et un plat). — Les étudiants allemands ne prennent au restaurant que le repas du matin ; le soir, ils mangent de la viande froide ou des confitures soit dans leur chambre, soit dans une brasserie.

Pour le logement, on trouvera à la Deutsches Haus une chambre très convenable pour sept ou huit marks par semaine. Si l'on veut rester un mois tout entier, avec douze ou quinze marks on aura une très jolie chambre d'étudiant ; mais les étudiants allemands louent toujours leurs chambres par semestre.

On trouvera à Heidelberg une foule de restaurants où l'on sert à la carte à des prix très modérés. La bière (toujours très fraîche), coûte treize pfenn. le bock d'un demi-litre.

(MM. Bardot, Saurin et Coquillat ont fait un séjour à Heidelberg ; c'est à eux que nous devons ces renseignements.)

GŒTTINGEN. — Ne pas prendre de pension au Restaurant Ernest, ni dans les hôtels, ni même au Rathskeller.

Restaurant Bünting (Johannis Markt). Repas à un mark (1/2 litre de bière compris). Le soir on a pour 50 pfenn.

un repas froid assez confortable, appelé mimik. C'est une spécialité de la maison. (Maison recommandable.)

Restaurant Hanke (à recommander aussi). Bière excellente au Rathskelle et au Schwartzkeller.

Logement : S'adresser à un propriétaire quelconque. Si c'est pendant les vacances, il louera volontiers une chambre pour quelques jours. On en trouvera aussi à toute époque de l'année.

(Nous devons ces renseignements à MM. Martin et Lamielle, qui ont fait un séjour à Gœttingen.)

TUBINGEN. — Avec un mark, on trouvera un repas très convenable dans la plupart des restaurants fréquentés par les étudiants ; en prenant des cachets on paiera meilleur marché. Pour la chambre, mêmes indications qu'à Gœttingen.

MUNICH. — **Restaurants :** On en trouvera dans toutes les rues de la ville. On recommande surtout le grand Restaurant Oberpollinger, très connu à Munich. Voici un aperçu de quelques prix : potage, 10 pfenn. — Plat de viande de 40 à 70 pfenn. (les portions sont très abondantes). — Bière toujours exquise, 13 pfenn. le demi-litre et 26 pfenn. le litre.

Logement : Avec 1 mark 50, on trouvera une chambre très convenable à l'hôtel Oberpollinger; mais si l'on veut rester au moins 3 ou 4 jours à Munich, il est préférable de louer une chambre meublée dans les environs de l'Université.

ANGLETERRE

LONDRES. — Fuir les hôtels en Angleterre : ils sont généralement très chers ; même pour un séjour d'une semaine, on peut s'installer dans une famille anglaise. Cet arrangement présente un double avantage : celui du bon marché et celui de familiariser le Français avec la langue et les mœurs anglaises. Il suffit de prendre le *Daily Telegraph* et de chercher aux annonces le chapitre *Board and Lodgings* pour trouver une foule d'adresses. Les prix varient de 18 à 30 shillings par semaine. On a pour ce prix la nourriture (3 repas par jour) et la chambre. Bien stipuler à l'avance si le service et l'éclairage sont compris dans la somme demandée. Nous recommandons tout particulièrement aux Français la maison du Doctor Burke, Powercraft road (Andover House), Lower Clanton N. E. O. Pour s'y rendre, il faut prendre le chemin de fer métropolitain à Liverpool station; on prend un billet (3 pence); pour Hakney station.

Les Français qui voudraient passer une année en Angleterre peuvent trouver assez facilement un emploi de professeur de français dans une institution. S'adresser aux deux agences suivantes : *Biwer and Son, Regent street, 298 W.*, et *Askin, Gabbitas et Killik, 9, Sacroville street. A.* Ces agences indiquent aussi des familles recommandables où l'on peut trouver la nourriture et le logement à de bonnes conditions. Dans les institutions, les conditions varient, mais généralement on ne reçoit pendant les deux premiers mois que la nourriture et le logement en échange de son travail; puis on obtient un traitement.

AUTRICHE

VIENNE. — Restaurants : On en trouve dans toutes les rues, aux mêmes conditions. Les prix sont à peu près les mêmes qu'à Munich; le vin y est meilleur marché. La cuisine est excellente. Voici quelques prix : potage 10 kreutzers; plats de viande, 20 à 40 kreutzers; légume et choucroute, 10 kreutzers.

Logement : On trouvera une chambre avec 1 florin (2 fr. 50 *valeur nominale*, 2 fr. 10 *valeur réelle*) dans tous les hôtels de seconde classe du quartier de Josephstadt. Si l'on veut passer plusieurs jours, il est préférable de louer une chambre garnie ; on en trouvera dans les environs de l'Université et du Grand Hôpital, à peu près dans les mêmes conditions qu'en France, pour 12 à 15 fl. par mois.

GRÈCE

ATHÈNES. — Nous sommes déjà en relation avec des hôtels et nous espérons, dès cette année, désigner aux sociétaires un ou deux hôtels confortables, qui leur donneront des chambres pour 1 fr. 50 par jour, et des restaurants qui consentiront à leur accorder un dîner ordinaire (potage, 3 plats, 2 desserts, vin) pour 1 fr. 50. Nous donnons, en attendant, des renseignements puisés aux meilleures sources. Ils sont dus à plusieurs étudiants grecs qui ont vécu longtemps à Athènes.

Logement. — On ne trouve pas de chambres meublées à Athènes ; les étudiants achètent leurs meubles. Nous donnons le nom de trois hôtels où l'on trouve des chambres pour 2 fr.,

2 fr. 50 : hôtel de France (place de la Concorde), hôtel d'Athènes (place de la Constitution), hôtel de Grèce (place de la Constitution), hôtel d'Attique, hôtel de Vienne, rue d'Hermès. On y trouve des chambres pour 1 fr. 50.

Restaurants. — Tous ces hôtels renferment aussi des restaurants gérés le plus souvent par un autre propriétaire. On y mange toujours à la carte, aux conditions suivantes : Potage 20 cent. — Plats de viande de 50 à 80 cent. — Légumes de 20 à 40 cent.

Autres renseignements. — Pour voyager dans l'intérieur, le moyen le plus simple est de louer un agoyate (on a 2 chevaux et un conducteur pour 10 à 12 fr. par jour). Pour aller à Corinthe, à Nauplie ou dans un port, il faut prendre les bateaux à vapeur, dont les prix sont modérés.

ITALIE

FLORENCE. — **Restaurants** : *Trattoria la citta, via Porta Rossa et via Pelliceria;* excellente maison; on donne des dîners pour 1 fr. 50 et au-dessus. Pour 1 fr. 50 on a potage, 3 plats de viande, 2 desserts et vin. On mange aussi à la carte : potage 15 ou 20 cent., plats gras, 25 à 50, etc.

Logements. — Pour Florence, comme pour toutes les villes de l'Italie, il faut se méfier des hôtels et faire son prix avant de s'y installer. Le plus économique est de louer une chambre meublée; on en trouvera dans toutes les rues principales ; elles sont toujours indiquées par des écriteaux très visibles et il suffit de se promener pendant 20 minutes pour en trouver plusieurs. Nous recommandons la Maison meublée Giaccomo Morini, via S. Antonio, 12, au 2me étage; on donne des chambres pour 1 à 2 fr. par jour (près la piazza dell'Unità). On trouvera dans Florence de nombreuses maisons semblables; bien faire le prix avant de s'y installer.

MILAN. — **Restaurants** : Trattoria del Ghiaccio, piazza del Duomo, Trattoria del Orologgio (derrière la cathédrale). — Numero cinque piazza Fontana (près de la cathédrale). Moins confortable que les précédents, mais très bon marché. — L'Italia, près de la gare à droite (bon marché). Dans tous ces restaurants on mange à la carte. Potage 0,30, plats de 0,20 à 0,60, etc. Les restaurants de Milan sont un peu plus chers que ceux de Florence.

Logement. — On trouve des chambres meublées dans toute la ville, mais plus particulièrement dans les rues Solferino, Milazzo et Massala, et sur la place Cavour.

NAPLES. — **Restaurants** : Monsu Testa, via dei Tribunali (pas de luxe, mais très bon marché). — La Regina d'Italia, via Toledo, I Giardini di Torino (ces 2 restaurants, situés dans la via Toledo, sont beaucoup plus confortables). — A la Villa di Lione (très bon marché, mais peu confortable).

Logement. — On trouvera des chambres surtout dans les environs de l'Université (au centre de la ville). Les chambres meublées se paient de 1 fr. 50 à 2 fr. par jour.

ROME. — **Restaurants** : Via in Lucina, Fiaschetteria, près du Corso et près de la place San Lorenzo. — Trattoria della Rosetta au Panthéon (confortable).

Logement. — Nous ne connaissons pas encore d'adresses de maisons garnies, mais nous savons qu'on trouve assez facilement une chambre meublée pour 2 fr.; *à Rome plus que dans toutes les autres villes d'Italie, se méfier des hôtels.*

TURIN. — **Restaurants** : Trattoria della Pace, via Rossini; trattoria Balbo, près du théâtre Balbo. Il Bue Rosso, via San Maurizio, moins luxueux, mais propre.

Chambres. — On en trouve dans toute la ville; l'Université, très florissante, compte près de 2,000 étudiants; on trouve des chambres meublées surtout dans la via Mazzini.

VENISE. — **Restaurants** : On trouvera très facilement des trattorie analogues à celles que nous venons de signaler. Avec 1 fr. 50, 2 fr. on peut très bien déjeuner.

Chambres. — Pour la chambre, mêmes recommandations que ci-dessus; se méfier des hôtels, et louer une chambre meublée, même pour 2 ou 3 jours.

TURQUIE

Chambres. — Hôtel d'Orient, en face de Galata Serail, hôtel de 3e ordre, mais très confortable. Chambre 2 fr.

Restaurants. — Cité de Pera : potage 0,30 ; plats de viande de 0,50 à 0,70.

Les cotisations doivent être envoyées au Trésorier par mandat-poste, avant le 1er décembre (terme de rigueur). Passé ce délai, elles seront recouvrées par la poste aux frais du souscripteur retardataire.

Le Secrétaire général,

J. SAURIN.

ERRATA

Page 2, ligne 1, *au lieu de* AYNARD Edouard, banquier, *lire :* AYNARD Edouard ✻, banquier.

Page 2, ligne 11, *au lieu de* GILLET Joseph, teinturier, *lire :* GILLET Joseph ✻, teinturier.

TABLE

PREMIÈRE PARTIE

Chemins de fer.

DEUXIÈME PARTIE

Services de Navigation.

TROISIÈME PARTIE

Circulaires français.

QUATRIÈME PARTIE

Renseignements pratiques.

627. — Lyon. Impr. E. Paris, Philipona et Cie, rue Condé, 30.

29

www.ingramcontent.com/pod-product-compliance
Ingram Content Group UK Ltd.
Pitfield, Milton Keynes, MK11 3LW, UK
UKHW021113220726
13924UKWH00004B/1690